KB202163

No Filter

No Filter

PAULINA
PORIZKOVA

THE GOOD,
THE BAD,
AND THE BEAUTIFUL

필터 없이

선한 나,
악한 나,
아름다운 나에 대하여

폴리나 포리즈코바 지음
김보람 옮김

THE GOOD,
THE BAD,
AND THE BEAUTIFUL

조녀선과 올리버에게

또는

올리버와 조녀선에게

두 아들의 출생 순서가 명백하듯,
이들을 향한 내 사랑도 그렇습니다.

들어가며

　몇 해 전, 한 기자와 마주 앉아 있었다. 젊은 여기자는 대화를 녹음하기 위해 휴대전화를 테이블에 올려놓았다. 인터뷰를 본격적으로 시작하기에 앞서 우리는 라테를 마시며 가볍게 대화를 나누었다. 인터뷰어는 자기 얘기를 할 기회가 거의 없다는 걸 알기에, 나는 그에 대해 물었다. 기자는 스물두 살이었고, 잡지사에 갓 취직해 사회생활을 시작했다고 했다. 이야기를 나누면서 긴장이 풀렸는지 그가 웃으며 말했다. "회사에서 당신이 '노 필터'라 뭐든 말할 사람이라고 하더라고요!"

　노 필터. 뭐든 말할 사람. 그러니까 남들이 생각하는 나는 이렇다.

　나는 나 자신을 정말로 여과 없이 드러낸다. 내 생각, 내 감정을 말이다. 늘 그렇게 살아왔다. 그러나 '뭐든 말할 사람'이라고? 그렇게 말하면 내가 다른 이들의 비밀을 지키지 않는 사람이 되어버린다. 실제로는 남들의 비밀에 짓눌려 사는 사람인데 말이다. 그 비밀은 평생 내 안에 담아둬야 한다. 그래서 내 얘기만큼은 거침없이 털어놓아 부담을 덜어내는 것이다.

이 책에는 내가 나누고 싶은 것, 생각해온 것, 내 발목을 잡는 것, 나를 이끌어주는 것이 담겨 있다. 내 전부가 담긴 셈이다. 남들 이야기는 없다. 다른 사람을 언급하는 건 그들이 내 삶에 미친 영향을 이야기할 때뿐이다.

내 인생에서 가장 중요한 사람인 남편 얘기는 빼놓을 수가 없다. 그와 35년을 함께했으니 그를 빼고는 내 이야기를 할 수 없기 때문이다. 그러나 남편은 이제 고인이 되어 내 말에 동의하거나 거부할 수 없다. 오로지 내 관점에서 바라본 이야기다.

여러분이 이 에세이를 읽기에 앞서 몇 가지 짚고 넘어가야 할 것 같다. 남편과 사별한 시절을 비롯해 그 이후의 사건들이 대중의 큰 관심을 받았다. 공개할 수 없는 어떤 이유로 나는 이때의 이야기를 신중하게 꺼낼 수밖에 없다.

나는 평생 남편을 사랑했고, 앞으로도 그럴 것이다. 남편이 세상을 떠났을 때 남편과 나는 한집에서 가족처럼 살고 있었지만, 어쨌든 갈라서는 중이었다. 우리 부부가 헤어지기로 한 뒤, 나는 다른 남자와 사랑에 빠졌고 남편이 사망한 당시에도 그 남자와 사귀고 있었다. 이런 사실을 내가 공개적으로 얘기한 적은 없지만, 그렇다고 숨기지도 않았다. 친구와 가족 모두 알고 있는 사실이다. 남편도 그 남자를 알았고, 내 아이들도 그랬다. 식구 모두 그를 우리 삶의 일부로 받아들였다. 그러나 그의 이름을 밝히지는 않겠다. 그의 사생활을 침해하지 않기 위해서이기도 하고, 내 인생에 더는 그의 이름이 남을 이유가 없기 때문이기도 하다.

　남편은 내가 자신을 유기했기에 유산을 받을 자격이 없다는 내용의 유서를 남겼다. 사망하기 몇 주 전에 급하게 작성한 것이었다. '유기'라는 용어로 인해 남편의 유언은 극적 과장이 아닌 법적 주장이 되었다. 법적으로 배우자의 유기란 상대방이 최소 1년 동안 연락이 되지 않는 경우를 의미한다. (남편이 내게 그렇다고 말한 적은 단 한 번도 없었지만) 그가 정서적으로 버림받았다고 느꼈을 수는 있다. 하지만 실제로는 그렇지 않았다. 물론 우리가 갈라서는 중이긴 했다. 이혼의 시작 단계에 있었다. 그래도 우리는 함께 살고 있었고, 식구들과 함께 저녁 식사를 했고, 여전히 (적어도 내가 생각하기로는) 가장 친한 친구로서 저녁 파티에도 함께 갔다. 남편에게 접근하는 여자들에 대해 이야기하며 함께 웃었고, 내 남자친구 이야기도 터놓고 나누었다. 우리는 집을 팔고 나면 아들들이 오가기에 수월하도록, 그리고 필요할 때 서로 도울 수 있도록 가까운 곳에 각자의 아파트를 구하자고 했다. 나는 우리의 결혼 생활을 끝마칠 완벽한 방법을 찾았다고 생각했기에 그의 유언장을 봤을 때 엄청난 충격을 받았다.

그의 전 재산을 상속받겠다는 마음은 추호도 없었고, 이혼할 때 재산 분할로 얻는 정도, 그러니까 30년간 함께 일군 재산의 절반은 받을 거라 생각했다. 그러나 유언장에 다급하게, 거짓으로 추가된 항목 때문에 내 상속분이 매우 적어졌다. 이러한 이유로 나는 소송을 제기해야 했고, 소송은 남편이 죽은 지 2년이 지난 뒤에야 협의로 종결되었다.

남편의 죽음을 예상한 사람은 아무도 없었다. 그의 담당 의사들도, 동료들도, 친구들도, 가족들도, 나도, 그 자신도 몰랐다. 그 성마른 결정이 가족, 특히 자녀들에게 어떤 영향을 미칠지 알았더라면 남편은 결코 그런 결정을 하지 않았

을 거라고 믿는다. 남편의 유언장 때문에 나는 저당 잡힌 큰
집 두 채와 연금이라는 자산은 있지만 수입은 없는, 매우 기
이한 처지에 놓였다. 그리고 내 매니저와 아들들과 대립하
게 되었다.

세상사람 대부분이 나를 슬픔에 잠긴 억울한 과부로, 일
부는 돈만 밝히는 여자로 봤다. 흑백보다 훨씬 더 복잡한 게
인생이건만, 우리는 다들 너무도 섣부르게 이를 미화하거나
비방하려 든다.

남편은 내 이야기에 자기 의견을 덧붙일 길이 없으니, 실
제로 무슨 일이 있었는지 양측의 이야기를 다 들을 날은 앞
으로도 오지 않을 것이다.

나는 남편을 뼛속까지 안다고 생각했다. 그러나 아니었
다. 그가 죽은 이후로도 나를 충격에 빠뜨린 일이 여럿 있
었다. 그건 나를 무겁게 짓누르는, 공개할 수 없는 이야기이
다. 영원히 내 안에 깊숙이 넣어둬야 할 비밀이다. 다른 많
은 이의 비밀과 함께.

나는 내 얘기만 말할 수 있다. 필터 없이.

차 례

들어가며   7

인스타그램에서 울던 여자   15
우리는 늘 '여자애'로 통했다   29
미녀와 야수   39
어린 시절   53
아름다움의 본질   71
사랑에 빠지다   81
미래를 아는 것   97
키   115
마법 같은 돈   131
아름다움의 책임   147
유명해진다는 것   159
슬픔과 배신감   173
실연의 아픔   193
진짜 돈   207
충격   225
용기   237
나체 말고 누드   247
약물   263
점령   275
모든 여성은 아름답다   289
운명과 선택   303

감사의 말   317

인스타그램에서 울던 여자

로워 맨해튼Lower Manhattan(맨해튼 남쪽 지역을 가리키는 말—옮긴이)의 한 프라이빗 클럽 오픈식에서, 나는 초대받지 않은 손님이 된 기분으로 있었다. 반들반들한 원목 장식에 어둑한 조명이 깔린 실내에 이십 대 금융인들이 가득했다. 그들은 하나같이 칵테일을 홀짝이고 고개를 뒤로 젖히며 웃고 있었다. 분위기를 즐기고 있다는 걸 보여주려는 과장된 몸짓 같았다. 다들 나보다 스무 살에서 서른 살은 족히 어려 보였다.

화장실에 갔다가 자리로 돌아가려는 길에 젊은 여자와 마주쳤다. 서른도 안 되어 보이는 그 여자는 윤기 흐르는 긴 갈색 머리칼을 풀어 헤치고 손바닥만 한 미니스커트를 입은 채, 바 스툴에 겨우 균형을 잡고 앉아 있었다. 완벽한 풀 메이크업 상태였고 약간 취해 있었다.

"혹시? 혹시…." 여자가 내 이름을 떠올리려고 머릿속을 헤집는 것 같았다.

이렇게 젊은 사람이 나를 알아본다니 깜짝 놀랐지만, 그보다는 그 자리를 벗어나고 싶은 마음이 더 커서 그저 씽긋 웃으며 고개를 끄덕였다. "네, 맞아요." 그 여자가 실제로 나를 누구라고 생각했는지는 그리 중요하지 않았다. 그런데 내가 그 여자를 지나쳐 가려는 순간, 그가 내 팔을 붙잡으며 소리쳤다.

"세상에, 인스타그램에서 우는 거 봤어요!"

내가 처음 유명해진 건 네 살 때, 서구권과 동구권의 정치적 볼모처럼 이용되면서다. 그로부터 1년 전, 내 부모님은 소련의 침략을 피해 고국인 체코슬로바키아를 떠났다. 1968년이었다. 더 나은 삶을 꿈꾸었던 부모님은 오토바이를 타고 국경을 넘어 스웨덴으로 향했다. 나를 할머니 댁에 맡기며 새집에 정착하는 대로 데리러 오겠다고 약속했다.

하지만 나를 데려오려고 했을 때는 이미 국경이 폐쇄된 뒤였다. 자식을 되찾을 방법이 없었다. 절망에 빠진 부모님은 떠올릴 수 있는 유일한 방법을 실행에 옮겼다. 바로 여론에 호소하는 것이었다. 그렇게 두 사람은 스톡홀름 주재 체코 대사관 앞에서 단식 농성을 벌였다. 돈, 명예, 권력, 어떠한 연줄도 없었지만, 둘은 젊었고 사진발을 잘 받았고 아주 슬퍼했다. 스웨덴 언론은 이들의 스토리를 무척 좋아했다. 딸을 되찾기 위한 젊은 부부의 시위는 신문, 잡지, 텔레비전을 통해 중계되며 일종의 리얼리티 쇼가 되었다.

그 후 5년 동안, 한 달에 한 번쯤 일요일 오후면 프로스테요프Prostějov(체코 동남부의 도시―옮긴이)에 있는 할머니 댁 주변에는 스웨덴 언론사에서 나왔다는 사람들이 카메라를 들고 서성거렸다. 나는 주머니가 주렁주렁한 카키색 조끼를 입고 다니는 아저씨들, 체코어를 할 줄 모르는 그 아저씨들이 모든 어린이의 사진을 찍고 다니는 줄 알았다. 내 단짝 친구에게 일요일마다 동네에 오는 그 카메라 아저씨들 때문에 일요일엔 밖에 나가 놀 수 없다고 말하자, 친구는 무슨 뚱딴지같은 소리를 하냐는 표정을 지었다. 나는 그제야 내 어린 시절이 평범하지 않다는 걸 깨달았다. 다른 친구들의 부모님은 스웨덴에 살지 않는다는 것도 그 무렵 알게 됐다.

아홉 살, 마침내 내가 스웨덴에 도착했을 때 여러 신문사에서 내 이야기를 1면 머리기사로 다뤘다. "안타까운 꼬마 소녀 폴리나, 마침내 부모와 행복하게 재회하다!" 내 '얼굴'과 존재가 많은 사람에게 알려진 것이다. 그리고 이때 나는 목소리를 내지 못한다는 말의 의미를 처음 알게 됐다.

세 식구가 다시 만나자마자 부모님은 헤어졌다. 나는 나를 길러준 할머니, 체코슬로바키아에 남은 할머니가 그리웠다. 새로 다니게 된 학교는 정말 싫었다. 학교에서 아이들은 나를 더러운 빨갱이라고 불렀다. 사람들이 보기에 나는 그들의 선의로 그 나라에 오게 된 걸 감사해야 하는 '불쌍한' 난민이었다. 내 감정이나 바람은 이런 프레임과는 무관한 것이었지만, 아무도 내 생각은 묻지 않았다.

어릴 적 카메라에 찍히고 뉴스에 실린 경험 때문에 나는 사람들 눈에 띄는 걸 싫어하게 되었다. 그런데도 열다섯 살이 되던 해에 모델이 되겠다고 파리로 갔다. 그때는 그 선택이 내 인생을 좌우하게 되리라고는 예상하지 못했다. 나는 학교에서 거의 외톨이였기에 잠시나마 학교를 벗어날 기회라는 사실만으로도 좋았다. 그런데 눈덩이 굴리듯 일이 커졌다. 나는 그 길로 파리에 남았고, 학업을 중단한 채 일을 시작했다. 얼마 안 가 모델로서 명성을 떨치게 됐다. 내 얼굴이 표지에 실린 잡지 두 종 이상이 가판대에 진열되는 날도 많았다. 그 무렵, 나는 음악계에서 이미 유명해진 뮤지션과 사랑에 빠졌고 훗날 그와 결혼까지 했다. 그리고 어릴 때 그랬던 것처럼 내 존재가 많은 사람에게 알려질수록 내 목소리는 없어진다는 사실을 다시금 실감했다.

내 일은 상품이 팔리게 하는 것이었다. 내 사진과 영상은 상품을 가장 잘 드러낼 수 있도록 무분별하게 변형되었다. 대중이 보는 나는 진짜 내가 아니라 만들어진 이미지였다. 솔직히 세상에서 손꼽히게 아름다운 여자로 사는 건 조금도 불쾌하지 않았지만, 그림 속 정물이 된 기분이었다. 진짜 나라는 존재의 목소리는 없었다.

소셜 미디어가 등장했을 때, 나도 또래들처럼 관심을 가졌다. 하지만 어렵게 느껴지기도 했다. 나는 페이스북에 가입했고, 친척이며 친구들과 정치 문제로 논쟁을 벌였다. 이후 트위터(현 X)를 알게 되었고, 친한 친구의 강력 추천으로 인스타그램에도 가입했다.

처음 인스타그램에 가입했을 때는 조금 당황스러웠다.

모든 게시물이 시각적이어야 한다는 사실 때문이었다. 어떤 게시물이든 반드시 이미지가 있어야 했다. 열다섯 살 때부터 모델로 활동해왔으니, 카메라 앞에서 포즈를 취하는 건 일상이었다. 그러나 내가 직접 사진을 찍어본 적도, 내 사진을 고를 선택권을 가져본 적도 없었다.

인스타그램은 스스로 만든 콘텐츠로 이루어지는 세계였다. 내가 멈칫했던 것도 그래서였다. 게시물에는 나르시시즘이 묻어나야 했고, 게시물에 진정성을 담아야 한다는 압박감 때문에 내 일상이 침해당하는 기분도 들었다. 그러나 그도 잠시, 모델로 일하면서 단 한 번도 가져본 적 없는 기회를 인스타그램을 통해 얻을 수 있다는 걸 이내 깨닫게 되었다. 인스타그램은 내 얼굴에 목소리를 더할 기회였다. 진짜 나라는 사람의 목소리를.

어떻게 보면 내 인생은 단 한 순간도 진정으로 내 것이었던 적이 없다. 나는 사랑했던 모두를, 자라면서 함께했던 모든 걸 잃은 상실감에 빠진 아이였던 순간에도, 사람들 사이에 마침내 부모와 다시 만나 행복한 난민 꼬마로 존재했다. 매일같이 공황 발작을 겪는 외로운 십 대였을 때도 모든 걸 다 가진 유명 모델로 사람들 입에 오르내렸다. 사람들은 나를 유명인 부부로서는 드물게 행복한 결혼 생활을 유지하는 운 좋은 여자로 봤지만, 내가 쉰 살이 되었을 무렵엔 남편이 내 털끝 하나 건드리지 않은 지 이미 수년째였다.

나를 궁금해하는 이들에게 내 얘기를 직접 전할 수 있게 된 건 인스타그램 덕분이다. 나는 인스타그램 계정에 촬영지와 휴가지는 물론 일상에서 찍은 사진들을 올리고, 진실을 써내려갔다.

물론 모델로 활동하는 동안에도 누가 물을 때마다 진실만 얘기했다. 어릴 때 내 목소리에 귀 기울여주는 사람이 없다고 느꼈던 탓인지, 인터뷰할 때는 항상 솔직하게 대답했다. 그러다 오해를 사는 경우도 많았지만, 변함없이 진심을 담아 말했다. 그래서 생긴 안타까운 에피소드들도 있다. 갓 열여덟이 되었을 때 〈유에스 매거진Us magazine(대중문화와 연예 뉴스를 다루는 미국 주간지로, 공식 명칭은 '유에스 위클리'이나 비공식적으로 '유에스 매거진'으로 불린다.―옮긴이)〉과 첫 인터뷰를 진행했다. 당시 기자가 모델 일을 어떻게 생각하느냐고 물었고, 나는 "거지 같아요"라고 대답했다. 그 인터뷰를 보고 나를 멋있다거나 귀엽다고 생각한 사람들도 있었지만, 대부분은 먹이고 재워준 이의 뒤통수를 친 배은망덕한 애라고 여겼다.

그때 받았던 질문을 인스타그램에 다시 올렸다. 당연히 이번엔 내 대답을 자기들 입맛에 맞게 각색하는 존재가 없었고, 나도 100퍼센트 솔직하게 대답했다. 그런데도 인스타그램 팔로워 대부분은 여전히 나를 그저 모델로 바라보는 듯했다. 그들은 나를 두려움, 의심, 기쁨, 슬픔을 안고 사는 여성으로 봐주지 않았다.

나를 인간적으로 보이게 만드는 데는 진짜 비극만 한 게 없었다.

30년을 함께한 남편이 하루아침에 숨을 거뒀다. 그리고 나는 남편이 유언장에다 내가 자신을 유기했다고 주장하며 상속인 명단에서 나를 제외했다는 사실을 이튿날 알게 되었다. 슬픔과 분노로 정신을 차릴 수 없었다. 내 안에는 슬픔과 분노 외에 다른 어떤 것도 끼어들 틈이 없었다. 인스타그램에 감사 일기를 올릴 여력조차 없었다. 이런 일을 겪으면서부터 나는 상실의 슬픔을, 때로는 분노를 공유하기 시작했다. 화장기 없는 얼굴로 셀카를 찍어 올렸다. 고통에 관한 글을 썼다. 그리고 몇 번인가 우는 사진도 게시했다.

그런 사진을 보고 불쾌해하는 사람들도 있었다. 그들은 나더러 연기한다고, 고통을 상품화한다고, 타인의 공감을 얻기 위해 피해자 코스프레를 한다고 말했다. 우는 얼굴까지 찍어 올리는 행동이 곧 나르시시스트 아니면 한심한 인간이란 증거라고 악플을 달았다.

왜 우는 얼굴을 찍어 올렸느냐고? 나는 정말로 공감을 얻고 싶었다. 사람들이 내게 연민을 느끼길 바랐다. 나라는 존재가 다른 누군가에게 가 닿기를 간절히 원했다. 그게 누구든 상관없었다. 나는 외로움과 고독에 짓눌려 있었다. 고통이 나를 무인도에 가둬두었기 때문이다. 그러니까 우는 얼굴 셀카는 누구에게든 발견되길 간절히 바라며 병에 담아 바다에 던진 내 구조 요청이었다.

연결을 바라는 간절함 때문에 내가 누군가에게 한심한 나르시시스트로 보인다 한들, 어쩌겠는가. 나는 살아남아야 했다. 그리고 그런 셀카들은 정말로 내가 찾던 사람들과 나를 이어주었다.

인스타그램에서 나를 팔로우하는 사람들 대다수는 내게 공감해주었고 나를 응원해주었다. 팬데믹으로 모두가 힘들어하던 그때, 세상이 그저 고통스러운 곳이던 그때, 상실의 슬픔과 실연의 아픔을 겪고 있던 많은 이가 내 계정에 새로 유입되었다. 그러나 창피한 줄 알라며 나를 비난하는 사람도 여전히 많았다. 그런 사람들은 내게 약이라도 털어 넣고 입을 다물라고 했다. 그런 악플을 본 친구들은 내가 걱정되어 전화를 걸어 생사를 확인했다. 고통을 나눌수록 나는 공감과 경멸을 동시에 받는 사람이 되었다.

고통과 실패를 경험한 이야기는 그 어떤 성공 스토리보다 서로를 가깝게 한다는 걸 나는 알게 되었다. 어느 순간부터 나는 어떤 이미지나 정물이 아니라 고통을 겪은 진짜 여성이 되어 있었다. 역설적이게도 상실의 슬픔을 이야기하는 순간 많은 사람으로부터 멀어지지만, 같은 슬픔을 겪은 이들과는 가까워진다. 다만 이러한 슬픔을 나누려면 반드시 말해야 한다. 그리고 들어야 한다. 인간은 그래야 한다. 어떤 사람인지 서로 바라봐주고, 서로 들어주어야 한다. 인간은 그래야 한다고 나는 믿는다.

우리는 저마다 자기 모습대로 살아가야 마땅하다. 이야기를 들어준다는 건 바라봐준다는 걸 의미하며, 누군가가 바라봐 줄 때에야 우리는 비로소 사랑받을 수 있다.

그 어둑한 프라이빗 클럽 안에서 젊은 여자가 내 팔을 붙잡았을 때 나는 이토록 단순한 사실이 이렇게 널리 공명할 수 있다는 사실에 깜짝 놀랐다.

"저는 몰랐는데, 언젠가부터 친구들이 그쪽을 팔로우하더라고요." 내가 그에게 집중하자 여자는 잡고 있던 내 팔을 놓고 더 가까이 다가왔다. "우는 사진 봤어요. 그 덕분에 제 인생이 달라졌어요."

나는 친구들이 있는 테이블로 돌아가는 길이었다는 걸 순간적으로 잊어버렸다.

"친구들은 저한테 티 내봐야 우스워질 뿐이니 참으라고 말하거든요. 하지만 왜, 기분이 안 좋은 날도 있잖아요. 그런데도 모든 게 아무렇지 않은 척해야 하나요?"

나는 고개를 끄덕였다.

"고맙다고 말하고 싶었어요." 그 여자가 말했다. "고통을 공유해줘서요. 진짜를 보여줘서요. 그게 그러니까, 그쪽도 그렇게 진짜 모습을 보여주는데, 나라고 못 할 것도 없지 않겠어요?"

그 순간, 여자의 남자친구가 다가와 옆 스툴에 앉았다.

여자가 남자의 허벅지를 어루만졌다. "재키, 인스타그램

에 우는 사진 올렸던 그분이야." 여자가 말했다. 재키라는
남자가 나를 보며 어정쩡하게 입꼬리를 올렸다. 그는 그러
거나 말거나 조금도 신경 쓰지 않는 듯했다.

그러나 나는 아니었다. 이 여자는 방금 내게 인생 최고의
칭찬을 건넸다. 오랫동안 남들에게 보이기만 했던 내게 처
음으로 목소리가 생긴 순간이었다.

우리는 늘 '여자애'로 통했다

    여자가 얼마나 가까이 서 있었는지 그의 날숨에서 커피와 담배 냄새까지 느껴졌다. 마음이 놓였다. 그도 인간이라는 증거였으니까. 그 새롭고 낯설고 모호한 세상 속 모든 사람이 내게는 신처럼 보이던 터였다.

    동굴 같은 스튜디오 안에서 빛을 뿜어내는 건 거울 주위에 달린 알전구들뿐이었다. 거울 아래 트레슬 테이블trestle table(두 다리와 이를 잇는 가로대가 상판을 지지하는 유형의 테이블―옮긴이) 한쪽에는 화장품이, 다른 한쪽에는 머리핀과 드라이어, 헤어 제품이 놓여 있었다.

    여자는 베이지색 액체가 담긴 작은 유리병 여섯 개를 열어 손등에 조금씩 따라 메이크업브러시로 잘 섞은 뒤 그 혼합물을 내 턱에 살짝 묻혀 색깔을 확인했다. 그러고는 만족스러운지 내게 한 발 더 가까이 다가와 몸을 숙이고 내 얼굴에 화장품을 바르기 시작했다.

네 번째 촬영이었고, 그날도 나는 내 정체가 들통날까 봐 불안해하고 있었다. 누군가 나타나서 나더러 이곳에 어울리지 않는 사람이라고, 착오가 있었다고, 모델이 아니라고 말할 것만 같았다. 메이크업 아티스트에게 내가 착하고 말 잘 듣는 애라는 걸 확실하게 보여주려고 미친 듯이 입꼬리를 올려댔다. 그러나 그는 내가 그러고 있다는 걸 알지 못하는 눈치였다.

얼굴에 축축한 브러시가 닿아 눈을 감았다. 그러다 문 열리는 소리가 들려 실눈으로 그쪽을 힐긋 보았다. 내 뒤편, 캄캄한 어둠 사이로 순간 파란빛이 들어찼다. 대기실 안으로 그림자가 들어왔고 문이 닫혀 내 뒤편은 다시 빠르게 어둠으로 빠져들었다.

"봉주르!" 촬영장 건너편에서 사진작가가 크게 외쳤다. 사전 미팅 때 잠깐 본 게 다였지만, 나는 그를 곧장 알아보았고 그러자 속이 더 울렁거렸다. 메이크업 아티스트와 헤어 스타일리스트, 촬영 보조들은 그저 작은 신에 불과하다. 이곳에서 절대적인 권력을 휘두르는 제우스 같은 존재는 바로 사진작가라는 걸 막 알아가던 참이었다. 사진작가의 마음에 들지 않으면 집으로 돌아가야 했다. 두 번째 촬영 때 실제로 그런 일이 있었다. 그것도 첫 번째 의상을 입자마자.

그날 그 사진작가는 모든 지시를 프랑스어로 내렸다. 나는 뭐라고 하는지 몰라서 지시 사항을 따르지 못한 채 멀뚱거렸고, 그는 코웃음을 치며 카메라를 내려놓더니 전지전능한 손짓 한 번으로 나를 촬영장에서 하차시켰다. 나는 소속 에이전시 디렉터 소유의 아파트로 돌아갔고, 그 아파트에 딸린 작은 방에 틀어박혀 종일 울면서 스웨덴으로 돌아가는 비행기표가 주어지겠구나 예상했다. 그러나 비행기표 대신 다른 촬영 일정을 전달받았고, 그곳의 사진작가는 나를 썩 마음에 들어 했다.

매일 다른 사진작가, 스태프, 촬영장을 마주했다. 매일 친구들을 새로 사귀어야 했고, 그들이 내게 무엇을 원하는지 재빨리 캐치해야 했다. 매일 새로운 언어를 해독해야 했다. 매번 새 학교에 들어간 전학생이 된 기분이었다.

사진작가가 내 뒤로 슬며시 다가와 따뜻하고 말랑말랑한

무언가를 내 어깨에 얹어놓는 걸 거울로 지켜보았다. 입꼬리는 계속 올리고 있었다. 내 어깨에 놓인 물건은 큼직한 갈색 꽃 같았다. 하지만 수프에서 날 법한 냄새가 났다. 부드럽고 묵직한 프레첼인가? 아니면 으깬 감자를 넣은 스타킹이려나?

촬영장은 조용했다. 장비를 테스트하던 촬영 보조가 펑하고 터뜨리는 대형 스트로보 소리, 뒤미처 이어지는 윙 하는 높은 음조만 들릴 뿐이었다. 메이크업 아티스트가 옆으로 살짝 비켜서면서 웃음을 터뜨렸다. 여자의 웃음소리를 들으니 재미있는 상황인 것 같아 마음이 놓였다. 무엇이 재미있는지도 모르면서 나도 그들을 따라 낄낄거렸다.

나는 거울에 비친 내 모습과 이상한 물체를 계속 쳐다보았다. 내 어깨는 사진작가의 사타구니와 비슷한 높이에 있었다. 마침내 고개를 돌려 내 눈으로 직접 그 물체를 확인했고, 그 물체가 그의 몸에 붙어 있다는 걸 깨달았다. 성기가 있어야 할 위치에. 그것은 내 쇄골과 목 사이에 툭, 놓여 있었다. 나는 다시 거울에 비친 우리를 보았다.

이것이 재미있는 장난이라도 되는 양 그가 날 보며 씩 웃었다. 메이크업 아티스트는 고개를 가로저으며 눈썹을 들어

올렸다. "또 시작이네!"라고 말하는 것처럼.

학교에서 보건 수업과 생물학 수업 시간에 음경 사진과 삽화를 본 적은 있었지만, 내 얼굴 바로 옆에 놓인 성기는 고사하고 진짜 성기를 본 적은 한 번도 없었다. 이게 말이 되는 일이기나 한단 말인가?

벌떡 일어나 도망치고 싶었다. 그러나 다른 여자의 웃음 소리를 듣고 있자니 도망치고 싶다는 내 충동이 잘못된 거라는 확신이 들었다. 여자의 웃음소리는 이 모든 상황을⋯ 아무것도 아닌 것으로, 가볍게 만들었다. 내가 따라 웃지 않으면 이 재미있는 장난을 망치기라도 하는 것 같았다. 나는 계속 웃었다. 이 사람들의 눈 밖에 나서는 안 됐다.

그가 내 어깨 위에서 그 물건을 치우고 바지 속에 도로 집어넣은 뒤 지퍼를 잠갔을 때, 나는 그게 정말로, 정말로 그의 음경이었다는 걸 확실히 알 수 있었다.

어릴 때는 주변 어른들을 보며 상황을 파악한다. 카트를 밀며 차분히 이동하는 엄마 옆에서 우리는 새로 생긴 슈퍼마켓이 안전한 곳이라는 걸 알게 된다. 교실에서 편안해하는 선생님을 보면 우리도 편안해진다. 어린이는 어떤 환경을 마주하든 결국 그들만의 '노멀normal'을 찾게 된다.

음경을 처음 마주한 상황은 내게 '뉴 노멀'이 되었다. 이런 게 이 일의 일부라는 걸 나는 금세 눈치챘고, 내 생각은 틀리지 않았다.

목욕 가운의 앞섶을 풀어헤친 상태로 나를 만나러 나온 사진작가가 몇 명인지 그 수를 헤아리는 건 오래전에 그만두었다. 사진작가 아니면 클라이언트, 아니면 클라이언트의 조카, 아니면 클라이언트의 친구가 그랬다. 그런 일은 촬영의 일부로 느껴질 만큼 너무 자주 일어났다. 소름 끼치는 짓을 일삼기로 유명한 사진작가가 내게 아무런 짓도 하지 않는 날이면 오히려 꺼림칙하고 불안했다. 그건 내가 괴롭힘을 당하는 다른 애들만큼 매력적이지 않다는 의미였다. 그러므로 고약한 괴롭힘을 당한다는 건 사진작가가 내게 호감을 느낀다는 증거였다.

모델은 사진작가의 욕망을 불러일으켜야 했다. 사진작가는 대부분 남자였다. 그가 이성애자라면 그의 성적 욕망을 자극해야 했고, 동성애자라면 그가 생각하는 아름다움의 추상적인 개념을 구현해야 했다. 모델은 예술 작품, 조각품, 그림이 되어야 했다. 사진작가가 동성애자든 이성애자든,

모델은 남자가 꿈꾸는 여성상, 즉 아름답고 섹시하고 완벽한 여자가 되어야 했다.

촬영할 때 성적 긴장감이 감도는 게 꼭 나쁜 것만은 아니었다. 결과물이 더 잘 나오기 때문에 오히려 그런 분위기를 반기기도 했다. 그렇게 나는 진짜 첫 경험을 하기 훨씬 이전에 성적 긴장감을 조성하는 방법을 알게 되었다. 아무리 그래도 그렇지, 십 대 숫처녀인 내게 이렇게 외친 사진작가도 있었다. "사정해 달라는 표정으로 나를 쳐다봐!"

내가 물었다. "뭘 사정해요?"

그는 두 번 다시 나를 부르지 않았다.

이제 쉰일곱의 중년 여성이 되었지만, 여전히 또렷이 기억한다. 40년 전 사람들이 잡지 표지에서 보았던 성적 욕망의 대상이던 그 여자가 눈앞에 놓인 음경을 보고도 그게 뭔지 몰랐다는 사실을. 잡지 속 그 이상적인 여자는 사실 전혀 여자가 아니었다. 여자애, 그저 소녀였다.

모델 커리어는 이른 나이에 시작해서 대체로 이른 나이에 끝난다. 우리는 어려서 규칙을 배울 때 아무 의문도 품지 않는다. 사람들은 모델을 하려면 무조건 어려야 한다고 말했다. 나이가 들면 피부가 빛을 반사하지 못하기 때문이라며 말이다. 그러나 나는 열일곱 먹은 여자애들이 주름 방지 크림을 광고하는 데는 다른 이유가 있다고 생각한다.

예나 지금이나 모델은 '애들'로 불린다. 실제 나이는 중요하지 않다. 모델 업계에는 어째서 여자는 없고 여자'애들'만 있는 걸까?

애들은 "싫어요"라고 거절할 줄 모르기 때문이다. 애들은 자신에게 어떤 힘이 있는지 모른다. 애들은 자신이 어떤 가치를 지녔는지도 모른다. 타인의 호감을 얻기 위해 절대 참지 말아야 할 것까지 참는다.

오늘날까지도 사람들은 여자의 이상적인 몸매라고 하면 십 대 소녀의 신체적 특징을 떠올린다. 봉긋한 가슴, 가느다란 허리, 완벽하게 둥근 엉덩이, 큼직한 눈, 앙증맞은 코, 도톰한 입술, 굵은 머리카락, 아이처럼 보드라운 피부.

이런 사회는 불안을 먹이 삼아 거대해진 노화 방지 제품 산업과 활발한 성형 비즈니스를 만들어냈다. 나 역시 이런 산업에 일조하며 젊음을 갈망하는 세상에서 젊음이라는 꿈을 팔았다. 아무런 노력을 하지 않고도 피부가 탱탱했던 나이에 어머니 또래의 여성들에게 안티에이징 크림을 팔았다.

변화하는 내 몸에 채 적응하기도 전에, 아버지 또래의 남자들에게 거의 벗다시피 한 몸매를 드러낸 사진을 담은 달력을 팔았다. 그때는 그게 최선인 줄 알았다. 십 대가 뭘 알겠는가? 그 시절 나는 오래전부터 돌아가던, 기름칠 잘된 기계의 부품이었다. 그리고 어릴 때 나는 그런 규칙에 의문을 품지 않았다.

풍부한 경험과 교훈을 얻으며 오십 대가 되었지만, 여전히 음경을 모르는 여자애처럼 보여야 한다는 걸 깨달았다.

실현 불가능한 미의 기준을 설정하는 것이 문제의 전부는 아니다. 그 기준이 대표하는 것, 그리고 여성에게 이를 요구하는 것 또한 문제다. 이러한 미의 기준은 우리에게 애처럼 보이기를 요구하는 데서 끝나지 않고, 애처럼 행동하기를 요구한다. 이상적인 여자가 열일곱 살 소녀를 의미한다면, 사람들이 생각하는 이상적인 여자는 순진하고 유순하고 경험이 없고 분별력이 없는 존재다. 그들이 바라는 이상적인 여자는, 단순히 여자가 아닌 여자'애'인 것이다.

미녀와 야수

하얀 시트 위에 나란히 누워 서로의 몸에 다리를 감고 팔을 두른 우리는 아마 접시에 담긴 스파게티처럼 보였을 것이다. 길쭉한 사지는 세몰리나 파스타와 통밀 파스타처럼 뒤엉켜 있었다. 우리 둘의 피부색이 얼마나 다른지 나는 볼 때마다 깜짝깜짝 놀랐다. 심지어 겨울이 돼도 내 피부가 그이보다 최소 세 톤쯤 더 어두웠다. 그런 우리가 함께 있는 모습이 나는 참 아름답다고 생각했다. 그리고 릭이 세상에서 가장 아름다운 남자라고 생각했다.

릭은 195센티미터의 장신에 매우 마른 체형이었는데, 못 먹어서 마른 느낌이 아니라 자연스럽게 날씬한 모습이었다.

그의 몸이 지닌 선, 각도, 구조는 참 멋있었다. 달리기로 다져진 길고 튼튼한 다리, 납작한 배, 우아한 목, 오똑한 콧날. 이 모든 것에 그이의 독특한 청록빛 눈동자가 생명을 더했다. 같이 침대에 누워 있을 때면 나는 그의 홍채를 유심히 관찰했다. 동공 주변은 노란빛이 살짝 감돌았고, 홍채 가장자리는 수레국화처럼 푸르스름했다. 눈동자 속 작은 공간은 어떤 빛을 받느냐에 따라 하늘빛, 잿빛, 청록빛 심지어 초록빛을 띠기도 했다. 이토록 아름다운 눈동자를 그는 항상 선글라스로 숨기고 다녔기에 그걸 아는 사람은 거의 없었다. 그리고 그의 입술은 세상 무엇보다 보드라웠다.

천천히 일어나 커피 한 주전자를 끓였다. 냉장고를 열어보니 슈퍼마켓에 장을 보러 가야 할 때가 되어 있었다. 장보기가 남들에게는 성가신 집안일 정도라면, 우리에게는 전장에 나가는 것 같은 일이었다. 나야 두꺼운 안경을 쓰고 상투틀듯 머리를 높이 묶고 추리닝까지 입으면 알아보는 사람이 거의 없었다. 그러나 큰 키에 까맣게 염색한 더벅머리를 하고 머리부터 발끝까지 검은색 옷을 입은, 거꾸로 세운 느낌표 같은 릭은 뮤직비디오에 나온 모습 그대로였고, 당시는 엠티비MTV에서 그의 뮤직비디오가 끊임없이 방영되던

40

때였다. 사람들은 어디서든 한눈에 그를 알아보았다.

A&P 마켓은 집에서 몇 블록 떨어진 곳에 있었다. 현관을 나서자마자 우리는 자석처럼 손을 잡았다. 한 블록 정도 걸어갔을 때 세 식구로 이루어진 한 가족이 우리를 막아섰다.

"세상에, 더 카스The Cars(1970년대 말에 결성하여 1980년대에 크게 인기를 끈 미국의 뉴웨이브 밴드—옮긴이)에 있는 사람이다, 맞죠?" 아버지로 보이는 남자는 한 걸음도 더 못 디딜 만큼 우리 코앞에 멈춰서서 릭을 보며 외쳤다.

"사인 한 장 받을 수 있을까요? 우리 가족이 정말 팬이에요! 특히, 여기 우리 아들, 딜런이요." 남자가 자기 아들을 앞으로 살짝 밀었다. 열두 살쯤 되어 보이는 아이는 쥐구멍으로 숨고 싶은 양 제 신발 끝만 쳐다보고 있었다.

릭이 한숨을 내쉬는 게 느껴졌다. 아주 살짝이지만, 이를 악무는 것 같았다. 그이는 고개를 작게 끄덕이고는 펜과 종이를 달라며 손을 내밀었다.

남자가 카고 반바지 주머니들을 이리저리 뒤졌다. 그러더니 주머니에 늘 종이와 펜을 가지고 다니는데 하필 오늘만 안 가져온 사람처럼 "아, 이런. 미안합니다. 혹시 종이하고 펜 있으십니까?" 하고 물었다. 남자는 브루스 스프링스틴Bruce Springsteen(1970년대에 데뷔한 미국의 록 가수로, 사회 상을 반영한 노래로 큰 인기를 얻었다.—옮긴이)의 얼굴이 그려진 티셔츠를 입고 있었는데, 티셔츠가 자꾸 배 위로 말려 올라갔다. 그는 땀을 뻘뻘 흘리면서도 잔뜩 신이 난 얼굴로 티셔츠를 아래로 연신 끌어내렸다.

"아쉽게 됐습니다." 릭이 어깨를 으쓱했다. 그이는 내 손을 다시 잡고서 가던 길을 가려고 했다. 하지만 남자는 우리를 쉽게 놓아주지 않았다.

"잠깐, 잠깐만요!" 남자가 외치자, 그의 아내가 미친 듯이 핸드백을 뒤졌다. 여자가 가방 속에서 종이와 가장 비슷하다고 할 만한 티슈 한 뭉치를 꺼내기까지 우리는 가만히 기다렸다. 여자가 티슈를 릭에게 건넸다.

"이런." 그가 자신의 빈손을 보여주며 말했다. "펜이 없네요."

그러면서도 남자는 티슈를 돌려주려는 릭의 손길을 거부했다. "잠시만요. 딜런이 얼마나 좋아하는데요!"

이제 남자는 주변을 오가는 사람들에게 펜을 빌리기 시작했고, 딜런은 창피해하는 것 같았다. 남자의 아내는 제자리에 가만히 서서 릭을 보며 싱긋 웃고는 릭에게 말했다.

"이렇게 만나게 돼서 얼마나 기쁜지 몰라요. 저희 가족은 오하이오에서 왔거든요. 그런데 이게 무슨 일이래요. 맨해튼 거리를 걷다가 연예인을 만나다니요."

나도 여자를 향해 미소 짓고 있었지만, 나라는 존재는 여자의 안중에 없었다. 여자가 나를 알아보지 못한 덕분에 나는 여자를 자세히 관찰할 수 있었다. 큼직한 갈색 눈에 주근깨가 있는 예쁘장한 얼굴이었다. 금발은 말총머리로 야무지게 묶였고, 이마에 내려온 앞머리는 그대로 굳어버린 파도처럼 빳빳하게 고정되어 있었다. 눈썹은 조금 희한한 모양으로 다듬어져 있었다. 머리 부분은 굵고 짙었지만, 점점 가늘어져서 꼬리 쪽은 숱 없이 희미한 것이 꼭 정자 두 마리처럼 보였다. 나는 머릿속으로 여자의 말총머리를 풀어 잘 빗겨주고, 눈썹을 그려주는 상상을 했다. 대머리에 얼굴이 불그스름한 여자의 남편을 보니 남자가 멋진 여자를 만나 결혼했다는 생각이 들었다.

"엄마, 이제 가면 안 돼요?" 딜런이 여자의 소맷자락을 잡아당겼다. 금발 머리와 아름다운 갈색 눈이 엄마를 닮은 것 같았다. 마침내 남자는 펜을 빌려주겠다는 사람을 찾았고, 릭은 티슈가 담긴 비닐 커버에 사인을 휘갈겼다.

"아, 휴지에도 사인해 주시겠어요?"

릭이 티슈 몇 장을 연거푸 뽑았다. 얇은 휴지에 글씨를 쓸 수 있도록 나는 그에게 내 등판을 받침대로 내어주었다.

드디어 만족한 듯 일가족은 릭에게 크게 감사를 표했다. 그러는 내내 옆에 내가 있는지는 모르는 것 같았다. 가던 길을 걷는데, 뒤에서 딜런의 목소리가 들렸다. "아빠, 누구였어요?"

플레인 요거트, 블루베리, 키친타월, 두루마리 휴지, 우유와 우리가 좋아하는 콜롬비아 원두를 쇼핑카트에 담고서, 릭이 아침 식사로 가장 좋아하는 칸탈루프 멜론을 담으러 신선 식품 코너를 돌고 있었다. 나는 칸탈루프 멜론에서 비누 맛이 난다고 생각했지만, 건강에 아주 좋은 과일이라는 릭의 꾸준한 설득 덕분인지 칸탈루프 멜론에 익숙해지고 있었다.

릭은 슈퍼마켓에서만 이미 세 사람에게 사인을 해줬고, 이제는 한쪽 구석에서 그들의 여자친구들과 사진을 찍고 있었다. 나는 멜론을 조심스레 들어 줄기를 코앞에 갖다대고서 '잘 익은' 냄새를 맡았다.

"실례합니다." 그때 누군가가 말을 걸었다. 나는 칸탈루프를 향해 있던 눈을 위로 들었다. 하늘색 셔츠와 흰색 바지를 멋지게 차려입은 젊은 남자였다. "혹시, 저… 폴리나 포… 아, 이름이 뭐였더라?" 나는 고개를 끄덕였고, 다가올 사인 요청에 응하려고 멜론을 내려놓았다.

그런데 남자가 엉덩이에 손을 얹으며 말했다. "아, 아니군요."

나는 가타부타 하지 않고 다시 멜론을 집으려고 했다. "그래요, 그럼. 저 아니에요."

그러자 남자는 내가 갑자기 정체를 드러내기라도 한 것처럼 크게 외쳤다. "맞잖아요!"

나는 그대로 멜론을 집어 들었다. "네, 저 맞아요."

남자는 재차 의심스럽다는 표정을 지었다. "근데… 정말로 맞아요?"

짜증이 났다. 그래서 그를 향해 돌아서서 선글라스를 벗고 묶었던 머리카락을 풀어 헤쳤다.

남자가 숨을 헐떡였다. "맞군요!"

나는 남자가 당연히 사인을 요청할 줄 알았다. 하지만 그는 그저 장난스럽게 나를 쿡 찌르며 이렇게 말했다. "이봐요, 립스틱이랑 마스카라 좀 바르고 다니면 좋잖아요." 그러고는 자리를 떠났다.

즉석 포토타임을 마친 릭이 평소에 야식으로 즐겨 먹는 샌드위치의 속재료를 한 아름 들고 와 카트에 넣었다. 참치한 캔과 미라클 휩Miracle Whip(크래프트 하인즈에서 만든 마요네즈 대용 식품—옮긴이) 한 통, 크래프트Kraft에서 나온 슬라이스 체다치즈 한 팩이었다. 그렇게 우리 둘은 계산대로 향했다. 줄이 길어 우리 차례를 기다리는 동안 릭은 팬들에게 연신 사인을 해줘야 했고, "사랑해요!" 혹은 "더 카스 재수 없어!"라고 외치는 이들에게 일일이 턱인사를 해야 했다. 그 사이 나는 연예 잡지 한 권을 집어 들었다. 무심코 페이지를 넘기는데, 나와 남편 사진이 나왔다. 어느 시사회에서 찍힌 사진이었고, 사진 속 우리 둘은 팔짱을 낀 채 행복한 표정으로 활짝 웃고 있었다. 그런데 사진 위에 검은색 두꺼운 글씨로 이렇게 쓰여 있었다. 미녀와 야수. 그걸 보자마자 숨이 턱 막혔다. 나는 잽싸게 잡지를 덮었다.

그러나 이미 릭이 뭔가 이상하다는 낌새를 차린 뒤였다. "이리 줘봐."

그이가 내게서 잡지를 가져가 페이지를 훑었다. 수치와 분노가 파도처럼 날 덮쳤다. 남에게 이렇게 끔찍한 소리를 하다니. 어떻게 이럴 수 있지? 내 남자친구가 얼마나 아름다운데. 그의 아름다움이 누군가에겐 생경할 만큼 독특한 건 사실이었지만, 바로 그런 점 때문에 나는 그이를 더 아름답다고 생각했다. 릭은 아주 특별하고 독창적이었다. 그는 특색 없이 대중적인 야구 카드(야구 선수의 사진과 정보가 담긴 수집용 트레이딩 카드—옮긴이) 속 인물이 아니라 모딜리아니Modigliani의 작품 같은 사람이었다.

차례가 다가와 계산대 위에 식료품들을 올려놓기 시작했다. 그가 해당 페이지를 찾아 훑어본 뒤 잡지를 진열대에 다시 꽂는 모습이 보였다. 계산원은 고개를 들지 않은 채 우리가 가져온 물건들의 바코드를 찍었다. 릭이 내 옆으로 지나가서 비닐봉지 안에 물건을 담기 시작했다. 눈이 마주쳤다. 무슨 말을 해야 할지 모르겠어서 그저 눈을 굴리며 웃으려 애썼다. 죄책감 같은 게 들었다. 내가 무슨 잘못이라도 한 것처럼. 그러면서 동시에 키스와 패티Keith Richards and Patti Hansen(1983년 결혼한 롤링스톤스의 기타리스트 키스 리처드와 미국의 유명 모델 겸 배우인 패트리샤 핸슨 커플—옮긴이),

빌리와 크리스티Billy Joel and Christie Brinkley(1985년 결혼하고 1994년에 이혼한 싱어송라이터 빌리 조엘과 슈퍼모델 크리스티 브링클리 커플—옮긴이) 등 다른 록스타-모델 커플이 떠올랐다. 이런 독단적인 미의 기준을 설정한 건 대체 누구일까. 빌리 조엘이나 키스 리처드를 내 남자친구보다 더 잘 생겼다고 할 수 있을까? 조금 전에 마주쳤던 부부도 떠올랐다. 갈색 눈동자를 지닌 예쁜 아내의 눈에는 과연 땀에 젖은 자기 남편이 아름다워 보일까 궁금했다. '미녀와 야수'라는 호칭으로 불려야 할 이들이 있다면, 바로 그 부부일 거라고 나는 생각했다. 그러자 나와 릭을 보며 아무런 거리낌 없이 '미녀와 야수'라고 칭하는 사람들이 과연 그들 부부를 보고도 그런 말을 할지 궁금했다. 순간, 그 부부를 향한 분노도 치밀었다. 그들은 평화롭게 그들의 일상을 누리는데, 어째서 릭과 나는 이런 식의 조롱을 받아야 한단 말인가?

이토록 가혹한 평가를 이렇게 공개적으로 받아본 사람들은 타인을 함부로 평가하지 않으리라고 생각할지 모르겠다. 그러나 천만의 말씀. 남들에게 평가받은 경험은 평가하지 않는 사람이 되는 방법을 가르쳐주지는 못했다. 오히려 나를 더욱 비판적인 사람으로 만들었다. 평가받는 경험은 나를 더 날카롭게, 더 모질게 만들었다. 내게 가해지는 비판의 잣대는 너무나 가혹했다. 그리고 나는 저울질 자체가 문제라는 사실을 인정하는 대신, 나도 남들에게 똑같은 잣대를 가져다대 이를 상쇄하려 했다.

릭도 마찬가지였다. 릭보다 더 날카로운 비평가도 없었다. 길게 이어지는 그의 혐오 목록 중에서도 최상위를 차지하는 부류는 바로 야구 모자를 거꾸로 쓰고서 카고 반바지를 입고 다니는 남자들이었다. "저 남자는 무슨 수로 여자친구를 사귀었담? 저 여자는 저 남자의 어디가 좋은 걸까? 남자가 록스타가 아니었더라도 여자가 남자를 좋다고 했겠어?"

우리 둘은 감히 우리를 헐뜯는 모두보다 우리가 훨씬 눈부시고, 완벽하며, 압도적으로 낫다고 서로를 설득하며 위로했다. 우리는 산 정상에 서서 완벽한 전망을 내려다보는 사람들이었다. 그러니 정상에 바람이 조금 부는 게 대수겠는가? 조금 외로운 게 대수겠는가? 우리에게는 다른 누구도 필요하지 않았다. 그리고 그건 좋은 일이었다. 우리가 밑으로 던지는 돌 때문에 누구도 우리를 만나러 그 위로 올라올 수 없었으니까.

계산대 끄트머리에서 릭이 식료품들을 잘 담은 비닐봉지들을 번쩍 들었다.

"너무 신경 쓰지 마." 내가 나직이 말했다.

그러자 릭이 봉지 두 개를 한 손으로 옮기고는 빈손을 내 어깨에 둘러 나를 꼭 안아주었다. "걱정 마, 자기." 그가 말했다. "나는 자기를 야수라고 생각하지 않아."

첫째를 임신하기 직전, 한 영화의 작은 배역을 맡았다. 같이 출연하는 수많은 배우 중에는 꽤 유명한 배우들도 있었고, 까다롭기로 소문난 배우들도 있었다. 그중에 어느 명배우는 운전팀이며 전기 기술자, 식음료 담당자까지 모든 제작진과 어울리기 위해 진심으로 노력했다. 하나같이 그 배우를 좋아했다. 그 배우는 에고가 폭발하는 촬영장, 불같은 성격들이 소용돌이치는 바다 한가운데 떠 있는 평온한 섬 같았다. 그는 주변 사람들을 다정하게 대하며 자신의 작은 세상을 조금 더 살 만한 곳으로 만들었다.

그런 그의 모습을 보면서 세상을 살아가는 방식에 관한 생각의 씨앗을 품었다. 그 씨앗은 몇 년 뒤 남편과 갈라선 이후에야 뿌리를 내리고 자라기 시작했다. 그제야 나는 의식적으로 이전과는 다른 사람이 되어야겠다고 결심했다. 다른 사람을 평가하고 싶은 묵은 충동이 일 때면 나는 한 걸음 물러나 왜 그런 생각이 드는지 자문했다. 무엇 때문에 다른 사람을 깎아내리고 싶어 하는 걸까? 남과 비교함으로써 내가 더 낫다는 우월감을 느끼고 싶은 게 틀림없었다. 그래서 나는 그 반대로 행동했다. 그들의 행복을 빌었고, 그들을 응원했다. 이전까지 비난하는 습관에 빠져 있었으니, 이제는 관대함이라는 새로운 습관을 길러야 했다.

이는 연습을 통해 익혀야 하는 기술이고, 나는 아직 그 기술을 완벽하게 익히지 못했다. 무척 어려운 일이라 여전히 힘들고, 불쑥불쑥 싸가지 없는 모습도 튀어나온다.

그러나 내 남편의 말에 동의한다. 나는 야수가 아니다.

어린 시절

"우리 집은 어디에? 우리 집은 어디에?" 체코 국가의 첫 소절이다. 우리 집이라고 하면, 제일 먼저 레이스코바 울리체Rejskova Ulice 33번지, 내가 어릴 적 살았던 그 집이 떠오른다. 우리 집은 따뜻한 노란색, 베이지색, 차가운 회색의 신고전주의 석조 타운하우스들과 나란히 서 있었다. 창문이며 문 위로는 포도덩굴과 소용돌이무늬를 새긴 석조 장식이 있었다. 높게 달린 창에 끼어 있는 유리는 오래되어서 녹아내릴 것처럼 우글거렸고, 십자 모양의 창살은 어린아이의 그림처럼 반듯하고 정확했다. 세월에 모서리가 둥그스름하게 마모된 돌계단 두 개를 밟고 올라가면, 조각이 정교하게 새겨진 호두나무 문이 나왔다. 무성한 이파리로 거리에 그늘을 드리우는 린덴나무에서 꽃이 피는 초여름이면, 곳곳에 부드러운 카모마일 향이 스몄다. 우리 집 앞길은 프로스테요프라는 작은 동네 한가운데 있는 중앙광장 바로 앞으로 이어졌다. 이곳이 내가 속한 곳, 내 심장 같은 곳이었다.

예쁜 벽돌에 먼지 때가 켜켜이 붙어 있었으나, 상관없었다. 오히려 먼지 때가 집들의 경계를 흐릿하게 만들어서 한 건물처럼 보이게 했다. 뜨거운 물이 나오지 않고 화장실이 베란다에 있고 날이 추워지면 석탄을 때야 했으나, 상관없었다. 일곱 식구가 작은 단칸방에 다함께 모여 살았으나, 상관없었다. 목욕은 일주일에 한 번, 일요일마다 할아버지가 지하실에서 꺼내오는 길쭉하고 얇은 양철 욕조에 물을 받아서 해야 했으나, 그것도 상관없었다. 부엌에는 우리 집의 요리와 난방을 도맡는 거대한 난로가 있었는데, 목욕하는 날이면 우리 바비 할머니가 그 낡은 주철 난로에 냄비를 올려 물을 데웠다. 목욕물에 몸을 담그는 건 나이순이었다. 나이가 가장 어린 나와 사촌 언니가 가장 먼저 욕조에 들어갔고, 우리가 나오면 그다음 어린 순서대로 목욕물에 몸을 담갔다. 더러워지고 다 식어버린 물에 들어가는 사람은 가장 연로한 할아버지였다.

익숙한 곰팡내가 나는 습한 돌 지하실, 천장이 높은 일 층과 이 층, 햇볕에 데워진 낡은 나무 들보에서 달콤한 계피 향이 나던 밝고 널찍한 다락(할머니는 이곳에 빨래를 널어 말렸다)이 있던 이 낡은 타운하우스가 우리 집이었다. 내 어린 시절의 달콤함은 모두 이곳에 있다.

타운하우스는 할아버지가 그의 삼촌에게서 물려받은 것이었는데, 2차 세계대전 이후 수립된 공산주의 정부가 한 가족이 살기에는 너무 넓다며 집을 쪼갰다. 그렇게 우리 식구는 일 층에 살게 됐고, 이 층은 두 가구로 나뉘었다. 이 층에 딸린 아주 작은 방에는 나이도 배경도 알 수 없는, 파니 루소바Pani Rusova라는 여자가 살았다. 그 방에는 배관 설비가 안 돼 있어서 화장실을 쓰려면 일 층 베란다로 내려와야 했고, 물도 우리 부엌 수도에서 양동이로 받아 가서 써야 했다. 이 층의 나머지 공간은 아래층 우리 집과 비슷한 구조의 방 하나짜리 아파트였는데, 거기엔 또 다른 가족이 살았다.

나중에 어머니와 남동생과 스웨덴으로 이민했을 때, 마을 외곽의 현대식 아파트로 들어가면서 처음으로 내 방이 생겼다. 아파트는 붉은 벽돌 상자처럼 생긴 삼 층짜리 건물이었고, 거주민 대부분은 싱글맘 아니면 알코올 의존증 남자였다. 창문 위나 문 위 그 어디에도 장식 같은 건 없었다. 그저 실용적이기만 한 네모난 건물이었다. 아파트 문을 열고 들어가면, 길고 어둑한 복도 양쪽으로 네모난 방들이 있었다. 한쪽은 침실, 다른 쪽은 거실이었다. 아주 깨끗하고 매우 단조로웠다. 남동생 방과 내 방에는 각각 이층 침대와 책상이 있었다. 거실에는 겨자색 인조가죽 소파가 있었는데, 거기 앉으면 허벅지가 들러붙어서 일어날 때면 쩍 하고 젖은 가죽이 찢어지는 듯한 소리가 났다. 천장에 달린, 둥글고 큼직한 종이 등은 그림자 없이 고른 빛을 뿜었다.

우리 아파트는 아담하고 어두컴컴한 슈퍼마켓과 주유소 사이에 끼어 있었다. 어떻게 된 일인지 모르겠지만, 평지 한가운데 유일하게 솟은 언덕에 지어진 건물이라, 정문을 통해 집에 들어가려면 계단을 한참 올라야 했다. 그러나 집 뒤편 주방에 딸린 발코니는 편평한 지면으로 연결되었고, 나는 주로 이 발코니를 현관처럼 썼다.

독립해 출가한 이후로도, 나는 현대적이고 편안한 집보다는 천장이 높고 실용적이지 않은 집을 선호했다.

"어린아이에게 종이와 펜을 주면서 집을 그려보라고 하면 모든 아이, 정말 모든 아이가 작은 네모 위에 세모 지붕을 그리고, 네모 가운데에 현관문 하나, 그 양쪽에 창문 두 개를 그립니다. 뭐, 지붕 위에 굴뚝 하나 혹은 태양, 꽃 한 송이쯤 더하기도 하죠. 그래도 집은 항상 같은 모양입니다."
파티에서 만난 어느 심리학자가 해준 말이다. 파티에 가면 종종 그렇듯 우리 둘은 처음 보는 사이인데도 어느새 파티오에 나와 진지한 대화를 나누고 있었다.

  "자, 이제 이 아이는 이 집에서 사는 거예요. 이 집이 바로 이 아이의 집이죠. 다른 선택지는 없습니다. 그럼, 이 아이가 집에 왔는데, 현관문이 닫혀 있는 상황을 상상해보세요. 문이 잠겨 있어요. 안으로 들어갈 수 없습니다. 그러면 이 아이는 오른쪽 창문을 열고 들어가려고 할 거예요. 그 창문도 잠겼다면, 왼쪽 창문을 열어보겠죠. 그마저도 잠겨 있다면, 다른 방법을 시도해볼 겁니다. 굴뚝까지도요. 그렇게 굴뚝도 집으로 들어가는 방법이 된다는 걸 아이가 알게 되면, 앞으로 굴뚝이 아이의 출입구가 될 것입니다. 집으로 들어가는 데 훨씬 더 오래 걸리고, 위험하고, 불편한 방법이라는 건 아이에게 중요하지 않죠. 나중에 현관문과 창문이 활짝 열려 있더라도 아이는 굴뚝으로 들어가는 방법만 고집할 것입니다."

그 순간, 내가 거의 평생 굴뚝을 통해 집에 들어가고 있었다는 사실을 깨달았다. 내가 지은 집에 현관문을 낼 생각조차 하지 않았다. 현관문을 내는 대신 굴뚝으로 올라가는 계단을 만들었다.

우리가 어린 시절을 '형성기'라고 부르는 데는 그만한 이유가 있다. 지금의 우리를 만드는 건 우리의 어린 시절이다. 부모에게 조건 없는 사랑을 받은 아이들은 자긍심이 견고해진다는 걸, 반대의 경우에는 반대의 결과가 나온다는 걸 이제는 다들 안다. 그리고 우리 대부분은 그 중간 어디쯤에 속해 있다.

내가 어릴 때 부모님은 더 나은 삶을 찾기 위해 나를 두고 떠났다. 젊은 이상주의자였던 부모님은 상황이 바람대로 풀리지 않으리란 걸 전혀 몰랐다. 나는 조부모님 밑에서 자랐고, 할머니가 어머니 역할을 대신해주었다. 혹독한 공산주의 치하에서 어린 시절을 보낸 나는 헌 옷을 물려받아 입었고, 크리스마스면 바나나 하나를 받기 위해 할머니와 함께 끝없이 긴 줄을 서야 했지만, 그래도 그 시절이 내 인생에서 가장 행복했다. 물질적 결핍은 내 행복에 어떠한 걸림돌도 되지 않았다. 할머니는 나를 조건 없이 사랑해주었고, 그 품에서 나는 안전했다.

사십 대 초반, 평생 겪던 불안을 잠재우기 위해 상담 치료를 받기 시작했다. 그 과정에서 나는 내 아버지와 무척 닮은 남자와 결혼했다는 사실을 이해하게 되었다. 내가 세 살 때 아버지는 어머니와 함께 체코슬로바키아를 떠나 스웨덴으로 가면서 내 인생에서 사라져버렸다. 우리 가족은 끝내 제대로 된 재회를 하지 못했다. 수년간 떨어져 지냈던 우리 식구는 다시 모인 첫날 밤을 비엔나의 어느 호텔 방에서 보냈다. 다 함께 스웨덴으로 가는 길이었다. 그 밤에 아버지는 사랑하는 사람이 생겼다고 어머니에게 말했다. 두 분은 간이침대에 누워 있던 나와 남동생이 잠든 줄 알았겠지만, 나는 모든 대화를 엿듣고 있었다. 아버지의 느닷없는 고백에 어머니는 흐느꼈고, 나는 '잘됐다. 이제 할머니에게 돌아갈 수 있겠다'고 생각했다.

내 남편처럼 우리 아버지도 키가 크고 재능이 뛰어나고, 짙은 머리칼과 밝은색 눈동자를 지닌 우아한 사람이었다.

남편이 그랬던 것처럼 아버지도 세상이 자신을 중심으로 돌아가야 직성이 풀리는 사람이었다. 그러나 내 남편이 우리 할머니와 무척 닮았다는 사실을, 나를 온전하고 완전하게 사랑해주었던, 그러다 타의로 내 인생에서 사라져버렸던 바비 할머니와 아주 비슷하기도 하다는 사실을 깨닫기까지는 매우 오랜 시간이 걸렸다.

내가 어렸을 때 집을 어지럽히거나 학교에서 안 좋은 성적을 받아오거나 더러워진 바지를 빨래통에 넣는 걸 까먹는 날이면, 할머니는 세상의 무게에 짓눌린 사람처럼 머리를 부여잡고 구부정하게 서서 대단한 공표라도 하듯 오늘이야말로 기차에 몸을 던져야겠다고 무섭게 말했다. 머리가 커가면서 나와 사촌 언니는 그럴 때마다 할머니에게 한 블록만 가면 기차역이라고 건방지게 말대꾸했지만, 더 어릴 때는 할머니의 말을 문자 그대로 받아들였다. 그때는 할머니 바짓가랑이를 붙잡고 제발 그러지 말라고 애원했다.

나는 할머니의 아가였고, 할머니의 마지막 자식이었다. 할머니는 바다 같은 사랑으로 나를 감싸주었다. 할머니가 사랑하는 사람은 나뿐이라고 느낄 정도였다. 우리 집에는 바비 할머니와 할아버지, 막내 이모, 첫째 사촌 언니, 나보다 겨우 열나흘 먼저 태어난 둘째 사촌 언니, 나, 이렇게 모두가 모여 살고 있었다. 그러나 할머니는 나를 특별하게 사랑한다는 걸 감추려 하지 않았다. 할머니는 그 누구보다 나를 더욱 사랑했다.

릭이 할머니처럼 안나 카레니나 방식의 협박을 한 적은 없었다. 할머니처럼 유난을 떨지도 않았다. 릭은 차분하고 냉정하고 온화한 성격이었다. 나는 두 사람이 전혀 닮지 않았다고, 오히려 정반대의 성격이라고 생각했다. 그러나 그 사람에게도 할머니에게 있었던 것과 비슷한 집착과 소유욕이 있었다는 걸 나중에야 알게 되었다. 그때는 그의 집착과 소유욕이 통제가 아니라 사랑의 표현인 줄 알았다. 이것이 내가 아는 굴뚝, 사랑으로 들어가는 굴뚝이었다.

내가 일곱 살 때 남동생을 임신한 어머니는 나를 납치해 스웨덴에 데리고 가기 위해 스웨덴 신문사의 도움을 받아 체코슬로바키아로 들어왔다가 수감되었다. 그리고 일주일에 한 번씩 경찰관 두 명과 함께 나를 보러 집에 왔다. 그렇게 나를 만나러 온 어느 날, 어머니가 돌아가지 않겠다고 버티자 경찰관들은 어머니가 할머니 댁에서 가택 연금 상태로 지낼 수 있도록 허용해주었다. 이들의 협정은 이후 3년 간 지속되었다. 자금을 댔던 스웨덴 신문사는 기대보다 훨씬 더 좋은 기삿거리를 얻게 되었다. 이제 공산주의에 붙잡힌 이는 불쌍한 꼬마 폴리나 한 명이 아니었다. 불쌍한 꼬마 폴리나와 아무것도 모르는 어린 남동생 그리고 불같은 성미의 어머니까지 모두 붙잡힌 상황이 된 것이다. 결국 끔찍한 여론에(1972년 아이스하키 세계 선수권 대회에서 스웨덴 하키 팀이 체코 팀과의 경기를 거부하겠다고 으름장을 놓으며 우리 가족이 처한 상황이 스캔들을 일으켰다) 두 손 두 발 든 체코 정부는 우리 가족을 추방했다. 우리는 시민권을 박탈당했고 두 번 다시 돌아오지 말라는 통보를 받았다. 나는 마침내 아버지를 만나러 가게 됐다. 스웨덴으로.

처음, 그러니까 부모님이 나를 남겨둔 채 더 나은 삶을 찾으러 떠났던 그때는 슬프거나 두렵지 않았다. 한낱 어린애였던 나는 부모님이 나를 싫어해서 두고 갔나 보다 생각했다. 그래도 괜찮았다. 나한텐 할머니가 있었으니까.

엄마가 돌아왔을 때 나는 정말로 신이 났지만, 엄마는 울어대는 신생아 남동생을 돌보느라 내게 내어줄 시간이 별로 없었다. 그럴 때가 아니어도 엄마는 나를 보면 눈물을 흘리거나 소리를 질렀다. 항상 기분이 안 좋아 보였다. 어린아이는 부모의 삶에 자기들 말고 다른 상황이 존재한다는 걸 알지 못한다. 어머니가 어떤 두려움을 안고 있었는지 내가 알 리 없었다. 어머니는 처벌 유예 중인 상태였다. 어머니의 징역형이 한시적으로 미뤄졌을 뿐이라는 의미였다. 할아버지의 기침이 암 때문이라는 걸, 그 암이 서서히 할아버지의 생명을 앗아가고 있다는 걸 내가 알 리 없었다. 나는 일곱 살이었고, 갓 출산한 여성의 미친 듯한 호르몬 변화에 공감할 방법도 없었다.

그러나 바비 할머니는 늘 나를 위해 시간을 내주었다.

어머니가 다시 온 지 3년이 지나서야 우리는 스웨덴에 갈 수 있게 되었다. 그때 나는 열 살이었고, 우리가 스웨덴으로 간다는 게 정말로 무엇을 의미하는지 전혀 몰랐다. 할머니는 하염없이 눈물을 흘렸고, 나는 여름방학에 돌아오겠다며 할머니를 야무지게 위로했다. 내 위로에 할머니는 더 많은 눈물을 흘릴 뿐이었다. 일어날 가능성이 거의 없는 일이라는 걸 할머니는 알았던 것이다. 그러나 나는 몰랐다.

체코슬로바키아를 떠날 때 나는 나를 조건 없이 온전하

게 사랑했던 유일한 사람과 헤어져야 했다. 내가 사랑스러
운 아이라는 믿음까지 할머니가 있는 체코슬로바키아에 두
고 떠나왔다는 걸 그때는 몰랐다.

어린 시절 내내 굴뚝으로 집에 들어갔던 나는, 그게 사랑
하고 소유하는 단 하나의 방법이라고 생각하게 되었다. 그
렇게 다 큰 성인이 되어서도 무던히 같은 방법을 택했다.
　"따지고 보면, 당신을 사랑해줄 완벽한 사람을 찾았던 거
예요. 부모님뿐만 아니라 할머니까지 닮은 남자를 찾은 거
니까요." 치료사가 내게 말했다.
　그러니까 나는 비뚤배뚤한 굴뚝의 삼 종 세트를 찾은 거
였다.

내가 언제나처럼 굴뚝으로 가는 사다리를 만들게 될지
궁금하다. 이런 내가 달라질 수 있을까? 집 안으로 들어가
는 방법을 바꿀 수 있을까? 우리 중에 그럴 수 있는 사람
이 있긴 할까? 누군가와 사랑에 빠진 것이 어린 시절의 행
동 패턴 때문이라는 걸 깨달았다고 해서, 이제는 그러한 패
턴을 지속하면 안 된다는 걸 깨달았다고 해서, 이를 바꿀 수

있는 사람이 있을까? 세상에 우리 같은 사람들은 널리고 널렸다. 다들 현관문이 잠겨 있던 어릴 적 경험 때문에 똑같은 실수를 거듭하며 살아가는 걸까?

　내가 만든 이론이 하나 있다. 이성애자의 경우, 자기 의도와 관계없이 동일한 성별의 부모를 닮고 반대 성별의 부모와 비슷한 사람과 사랑에 빠진다는 것이다. 이런 특성이 뒤죽박죽 섞일 때도 있는데, 잘 보면 반려자가 부모의 자질을 모두 갖고 있는 사람임을 알게 될 것이다. 내 경우를 봐도 그렇고, 그동안 친구들과 나눈 대화를 톺아봐도 그렇다. 이는 틀림없는 사실이다. 만약 어느 남자가 강압적이거나 변덕스럽거나 냉정하거나 유능하거나 사랑스러운 어머니를 뒀다면, 그는 제 어머니와 비슷한 여성을 찾을 것이고 그런 여자를 만나야 화학적으로 끌린다고 느낄 것이다. 뚜렷한 이유를 알지 못한 채 그냥 끌릴 것이다. 여자의 경우, 아버지가 다혈질이든, 유쾌한 성격이든, 구두쇠 같든, 점잖든, 거짓말쟁이 같든, 자기 아버지와 비슷한 면을 애인에게서도 보게 될 것이다.

　내가 사랑했던 두 남자 중에 한 사람은 아버지와, 또 다른 한 사람은 어머니와 비슷한 면이 무척 많았다. 그리고 인정하기 싫지만, 내가 깊이 사랑했던 두 남자는 하나같이 차갑고, 쌀쌀맞고, 예술적 성향이 짙은 어머니 밑에서 자란 이들이었다.

어떤 사람 밑에서 자랐느냐에 따라 사랑을 이해하는 방식이 달라진다. 어릴 적 지었던 아담한 집은 우리가 얘기하는 사랑을 상징한다. 그 집을 무너뜨릴 수는 없다. 그러나 집 안으로 들어갈 방법이 하나만 있는 게 아니라는 사실을, 더욱 수월한 방법으로 우리가 원하는 사랑에 다가갈 수 있다는 사실을 배울 수는 있다. 현관문을 열어볼 용기를 얻을 수도 있다. 이는 지금까지 수년간 내가 노력해온 일이고, 주변의 모든 사람이 내게 권한 일이기도 하다.

현관문이 어떤 개념인지는 이제 알겠다. 그러나 보이질 않는다. 여전히 사다리를 타고 빌어먹을 굴뚝으로 올라가고 싶은 마음이 든다.

오랫동안 이게 문제라고 생각했다. 현관문이 내 눈에 보이지 않는다는 사실, 내가 사랑에 빠질 방법은 굴뚝으로 기어 올라가는 것뿐이라는 사실이 문제인 줄 알았다. 어릴 때 집으로 들어가는 적절한 방법을 찾지 못한 까닭에 거의 평생을 자책하며 살아왔다. 하필이면 가장 복잡하고 이상한 방법으로 들어가려 한다고 주변 모든 사람이 지적해주었다. 그러나 어릴 적 할머니와 살았던 그 집은 사랑으로 가득했고, 결혼한 후 릭과 함께했던 그 집에도 사랑이 가득했다. 내가 굴뚝으로 올라가는 계단을 만들었다는 것을, 그리고 그게 세상에서 가장 실용적인 방법은 아니라는 것을 나도 인정하지만, 그렇게 힘들게 들어간 집 안에는 사랑이 가득 차 있었다.

레이스코바 33번지에 있던 할머니의 집은 추레했고, 석탄 그을음도 묻어 있었을 것이다. 그러나 부엌 한복판에 놓인 양철 욕조에 들어가 앉아 있으면 할머니가 따뜻하게 데운 물을 내 머리 위로 부어주던 그곳은 내 생애 가장 안전하고 사랑스러운 공간이었다. 그 초라하고 아름다운 낡은 집에서는 그 어떤 나쁜 일도 일어나지 않았다.

나아가 굴뚝도 아름다울 수 있는 법이다. 접근하기 어렵다고 할지라도. 굴뚝도 여전히 실내로 들어가는 방법이다. 내게는 그렇다.

굴뚝을 현관문처럼 사용한다고 해서 행복, 기쁨, 사랑을 느끼지 못하는 건 아니다. 그저 거기까지 기어 올라가야 한다는 차이만 있을 뿐이다.

릭과 내가 함께할 수 있었던 건 서로의 깊은 결점과 터무니없는 욕구 덕분이긴 했다. 그래도 집안에 사랑이 깃들었고 우리는 25년간은 행복하게 살았다.

누구나 현관문을 통해 실내로 들어갈 수 있는 건 아닐지도 모른다. 어쩌면 내게는 나처럼 굴뚝을 통해 실내로 들어가는 사람, 굴뚝을 현관문으로 생각하는 반려자가 필요할지도 모른다. 아니면 지붕으로 기어 올라가는 나를 보고도 우리가 집 안에서 만나리란 걸 알고 차분히 지켜봐주는 사람이 필요할 수도 있다. 낡아빠진 사다리를 타고 지붕에 올라가 좁고 굽은 굴뚝을 기어 내려오는 일이 어렵냐고? 당연히 그렇다. 내가 바라는 사랑에 더 수월하게 다가갈 수 있기를 바라느냐고? 그렇긴 하지만, 나는 다른 방법을 모른다. 중요한 건 우리가 어떻게든 들어가는 집 안에 사랑이 가득하다는 것이다. 어릴 때 배운 방식이 실용적이지 않을 수는 있지만, 그래도 그 방식으로나마 우리는 집으로 들어갈 수 있다.

아름다움의 본질

아침에 눈을 뜨자마자 끝장났구나, 싶었다.

뿌리를 깊숙이 내린 붉은 뾰루지 때문에 턱이 욱신거렸다. 생긴 줄도 모르고 있었는데 어느 날 갑자기 확 불거져 도톰하게 튀어나와 몹시 도드라졌다. 하지만 아직 터뜨릴 순 없는 상태였다. 제모한 지 얼마 안 돼 여전히 보드라운 겨드랑이에 땀방울이 맺히기 시작했다.

스카프를 코까지 바짝 올려 빙빙 두르고서 촬영 스튜디오로 향했다. 지하철에서는 스카프로 뾰루지를 가리는 게 가능했지만, 촬영장에서는 얘기가 달랐다. 다른 여자애 둘은 모든 준비를 마치고 화장대 거울 앞에 앉아 있었다. 깨끗하게 씻고 제모한, 결점 없이 완벽한 모습이었다. 메이크업 아티스트가 내게 인사를 건네자, 나는 완전히 끝장났다는 듯 스카프를 풀었다.

여자의 눈이 금방이라도 튀어나올 것처럼 커졌다. "울랄라!" 그가 크게 소리쳤다. "이걸 어쩌지?"

메이크업 아티스트가 클라이언트들과 사진작가를 불러 모으는 동안, 나는 온몸으로 수치심을 느끼며 가만히 서 있었다. 그가 내 얼굴을 붙잡고 이쪽저쪽으로 돌려가며 뾰루지가 얼마나 튀어나왔는지 모두에게 보여주더니, 뾰루지의 붉은 기는 어찌저찌 가릴 수 있겠지만 혹을 없애는 건 불가능하다고 말했다. 토사물을 뒤집어쓰고 나타났어도 이 정도로 가혹한 반응은 아니었을 텐데. 그건 씻어내면 그만이니까. 이제 나는 어떻게 해야 할까?

어두운 구석에 한데 모인 사람들이 나를 가리키며 무어라 수군거렸다. 회의 결과, 메이크업 아티스트가 한번 시도해보기로 했다. 메이크업을 두껍게 하고 카메라 앵글을 잘 잡으면 뾰루지를 숨길 수 있을지도 몰랐다. 다른 여자애 둘이 나를 빤히 쳐다보았다. 연민 어린, 그러나 만족스러운 듯한 표정이었다. 두 사람은 더 많은 컷을 찍게 될 터였다.

한 시간 동안 메이크업을 받았는데, 턱에 난 커다란 혹이 어쩐지 이전보다 더 커 보였다. 위아래를 검은색으로 맞춰 입고 입가에 담배 한 개비를 문 스타일리스트가 다가와서 내게 흰색 스팽글 뷔스티에를 입히고는 세트장으로 안내했다. 세트장에서는 다른 모델이 막바지 촬영 중이었다. 그는 스툴에 앉아 촬영하고 있었고, 그가 입은 웨딩드레스 튈 아래로 청바지와 더러운 컨버스 스니커즈가 빼꼼 보였다. 완벽하게 세팅된 그의 머리에 그날 촬영 오브제인 티아라가 얹혀 있었다. 머리 외에 다른 부위는 어떤 모습이든 상관없어 보였다. 심장은 더 쪼그라들었다. 웨딩 머리띠의 클로즈업 사진을 찍는 촬영이었다. 내 뾰루지를 숨길 수 있을 리 없었다. 찰칵찰칵. 앞 모델이 몇 컷 더 촬영을 했고, 나는 등 떠밀리듯 빈 스툴로 가서 앉았다.

내가 못생겼다고 느낀 건 하루이틀 일이 아니었다. 학창 시절에 무자비하게 괴롭힘을 당했던 건 말할 것도 없고, 사전 미팅 때 사람들은 내가 투명인간인 양 내 앞에서 내 결점을 서슴없이 얘기하기도 했다. 그러나 이건 차원이 다른 문제였다. 기본적으로 모델은 연기가 일이다. 춥지 않은 척, 열기에 쓰러지기 일보 직전이어도 덥지 않은 척, 이 립스틱이 아주 마음에 드는 척, 이곳에 와서 매우 기쁜 척 연기해야 한다. 그러나 아름다운 척을 어떻게 할 수 있을까? 사진 작가는 맥없이 몇 차례 셔터를 눌렀고, 나는 그날 촬영에서 제외됐다.

그로부터 30년이 지나 사십 대 후반이 되었을 때 나는 예전 에이전트와 만나 모델 커리어에 관한 이야기를 나누었다. 모델 활동을 안 한 지 한참이라 무척 오랜만에 보는 얼굴이었다. 나는 모델 활동 대신 영화 출연과 소설 집필로 영역을 넓혀가고 있었다.

"모델 활동을 다시 하고 싶다거나 그런 건 아닌데…." 내가 라테를 한 모금 홀짝이고는 말을 이었다. "그게…." 하지만 그가 웃음을 터뜨리는 바람에 말을 끝마치지 못했다.

"어이구, 꿈도 크십니다."

나는 테이블에 머그잔을 내려놓았다. 내 에이전트는 함께 커피를 홀짝이다가 웃음을 터뜨려서 남의 꿈을 짓밟는 여자가 아니었다. 오히려 열정적으로 기운을 돋워주는 사람이었다. 그러나 솔직했다. 언제나 진솔한 사람이었다.

그때까지도 내가 이 업계에서 완전히 한물갔다는 걸 나

는 모르고 있었다. 돈벌이는 거의 안 되지만 내가 좋아하는 일에 몰두한 나머지 주 수입원이었던 모델 일감이 점점 줄어들다가 아예 사라져버렸다는 걸 몰랐다. 그리고 그건 내가 일을 소홀히 해서가 아니라 오로지 내 나이 때문이었다.

과거에 어마무시한 뾰루지가 그랬던 것처럼 이제는 주름이 내 큰 결점이 되었다. 주름 때문에 내 얼굴은 상품을 팔기 위한 사진에 찍힐 만큼 아름답지 않았다. 물론 뾰루지를 없애듯 주름도 없앨 순 있다. 보톡스 한 병이면 충분하다. 보톡스 한 병이면 방금 알을 깨고 나온 병아리처럼 보드라운, 그리고 무표정한 얼굴이 된다.

피부과에 큰돈을 벌어다주는 게 바로 여드름과 주름이다. 박테리아성 감염인 여드름은 질병이지만, 주름은 우리가 이를 얻을 만큼 오래 살아왔다는 걸 보여주는 영구적인 증거다. 그러나 사람들은 이 두 가지 모두를 명확한 결점으로 본다. 둘 다 꼭 치료해야 하는 결점으로.

그러나 자연의 흐름을 어떻게 고칠 수 있단 말인가? 봄철 나무에 돋아난 꽃봉오리를 여름의 울창한 초록, 가을의 불타는 단풍, 겨울의 강렬한 명암과 어떻게 견줄 수 있을까?

변화를 되돌릴 수 없다는 것을, 각각의 변화가 저마다의 방식으로 우리에게 즐거움을 준다는 것을 우리는 받아들여야 한다.

1년 전, 잡지 촬영을 하고 있었다. 브루클린 어딘가에 위치한 전형적인 스튜디오의 하얀 배경지 앞에 서 있었다. 투명 메이크업을 받고 머리를 세련되게 헝클어뜨린 나는 내가 벌써 쉰여섯 살이라는 사실을 까맣게 잊고 있었다. 내 몸과 얼굴은 근육 기억에 따라 자연스레 움직였다. 나는 늘 그래왔듯 카메라 앞에서 포즈를 취하고, 표정을 만들고, 입술을 쭉 내밀고, 활짝 웃었다. 내가 얼마나 달라졌는지 깨달은 건 잡지에 실린 사진을 봤을 때였다. 사진 속 나는 그냥 여자였다. 나이 든 여자. 아이폰은 한 번도 잡아내지 못했던 주름을 카메라는 고스란히 담아냈다. 클로즈업한 흑백 사진은 진짜 내 얼굴을 적나라하게 보여주었다. 충격이었다. 보톡스를 맞아야 했다. 필러를 맞아야 했다. 빌어먹을 리프팅 시술도 받아야 했다.

그런데 무엇을 위해서? 그건 예전처럼 보이기 위해서, 달라지지 않은 것처럼 보이기 위해서였다.

내 나이처럼 보여서 행복하다고 말할 수 있으면 좋으련만. 내 주름살을 보고도 행복해하는 경지에 이르렀다고, 지금 내 모습을 받아들였다고 말할 수 있으면 좋으련만. 그러나 아직은 아니다. 여전히 나는 자기 수용의 어려움을 매일매일 겪는다. 나이 듦의 축복을 받은 자라 주름도 생기는 거라고 스스로 계속 되뇌어야 한다. 주름이 생기지 않는 방법을 아는가? 그건 요절뿐이다.

나는 더 이상 봄이 아니다. 이제 나는 가을의 웅장한 색채에 빠져드는 늦여름이다. 과거에 집착하지 않고 지금의 변화를 받아들이면 어떨까? 인정하기 어렵지만, 내 얼굴의 모든 변화를 받아들이고 이를 아름답다고 선언하면 어떨까?

브루클린 촬영장에서 찍은 사진을 인스타그램에 올리면서 내가 느꼈던 불안에 대해 몇 자 적었다. 그리고 나를 가장 불편하게 만들었던 사진을 골랐다. 내 얼굴의 모든 주름과 처진 피부를 크고 뚜렷하게 보여주는 흑백 사진을.

그 게시물에 댓글 7,077개가 달렸다. 그동안 올린 게시물 중 반응이 가장 뜨거웠다. 다른 여성들이 저마다의 불안을 공유했다. 늘어가는 자기 얼굴을 받아들이기 위해 노력한 이야기를. 자기와 비슷한 감정을 느끼는 사람, 그걸 큰 목소리로 말하는 사람이 있다는 사실에 고마워했다. 그러자 내가 불빛 하나 없는 길에서 작은 랜턴을 들고 앞장서서 걷는 사람이 된 것 같았다. 그들의 길잡이가 된 것 같았다.

아름다운 것들을 떠올려보라. 꽃. 구름. 나무. 노을. 이 아름다운 자연은 끊임없이 변한다. 이런 변화마저도 매력의 일부가 된다. 선선한 여름 아침은 햇볕이 내리쬐는 오후만큼 아름답다. 오후 뒤에는 찬연한 일몰이, 별이 반짝이는 벨벳 같은 밤이 이어진다. 저마다의 순간은 그 자체로 아름답다. 모든 순간 가운데 우리가 가장 좋아하는 때가 있을 순 있지만, 모든 순간은 그 나름의 아름다움이 있다.

자연의 모든 것은 변한다. 그런데 사람들은 순간을 붙잡고 싶어 하며 변화를 거부하려고 든다. 그림이나 자동차, 시계 같은 것을 구매할 때 우리는 이러한 물건이 영원히 똑같은 상태로 남기를 희망한다. 이들이 우리가 구매했을 때와 똑같은 상태로 지속되길 바란다. 우리 재산이기 때문이다. 그림에 금이 가면 우리는 그림을 복원하려 들 것이다. 복원이 불가능하다면, 망가진 그 그림은 가치를 잃고 만다.

이러한 점에서 여성의 상품화가 명백하게 드러난다. 여성도 자연처럼 끊임없이 변화한다. 그런데 세상은 여성에게는 늘 같은 자리에 머물러 있기를 요구한다. 우리가 물건 취급을 받는 게 아니라면 우리의 변화도 자연스럽게 받아들여졌을 것이다. 아니, 오히려 축하받았을 것이다. 나이 듦을 축하받았을 것이다.

사랑에 빠지다

　1984년 어느 늦은 밤, 나는 뮤직비디오에 등장하는 가수에게 푹 빠져 있었다. 케이블을 신청한 직후였는데, 당시 남자친구가 집 안에 늘 엠티비 채널을 틀어놓았다. 평소에는 화면에 뭐가 나오든 관심조차 없었는데, 그날따라 도저히 텔레비전에서 눈을 뗄 수가 없었다.

　뮤직비디오 속 그 가수는 소파에 나른하게 누워 있었다. 굵은 흑발, 눈부신 청록빛 눈동자, 툭 튀어나온 커다란 귀가 돋보이는, 마르고 우아한 남자였다. 뮤직비디오에는 여자도 한 명 등장했는데, 전형적인 관능미를 갖춘 금발 미녀였다. 보자마자 그 여자가 마음에 들지 않았다. 그러나 그 남자,

세상에, 그 남자는 정말이지…. 그의 움직임은 자신감이 넘쳤고, 기묘하게 아름다웠다. 그의 얼굴이 클로즈업으로 잡히던 찰나와 같은 순간에 나는 그의 얼굴에 스친 미소를 보았다. 마음 여린 소년이 주저하는 듯한 미소였다. 내가 그에게 빠진 건 그 미소 때문이었다.

볼륨을 끝까지 높이고서 소파 끄트머리에 불편하게 앉았다. 실내에 노랫소리가 울려 퍼졌다. 남자친구는 외출 중이라 집에는 나와 고양이 메피스토Mephisto, 우리 집에 새로 온 황금빛 래브라도레트리버 미다스Midas뿐이었다. 미다스를 데리고 산책하러 나가야 할 시간이었지만, 미다스라면 나를 조금 더 기다려줄 것이었다.

화면 한쪽 모서리에 노래 제목과 아티스트 이름이 나타났다. '「썸씽 투 그랩 포Something to Grab For」: 릭 오케이섹 Ric Ocasek'

숨이 턱 막혔다. '오케이섹'은 체코에서 쓰는 성씨였다. 독일에서 유래하지 않은 체코 고유의 이름에는 저마다 매우 구체적인 의미가 담겨 있다. 예를 들어 '포리즈코바'는 번역하기 조금 까다롭긴 하지만 '덩치 큰 대식가 남자에게 속한 사람'이라는 의미에 가장 가까울 것 같다. 그의 성씨인 '오케이섹'은 '작은 꼬리'라는 의미다. 이 얼마나 사랑스러운지. 또 얼마나 익숙한 이름인지. 이렇게 나는 처음 보는 연예인에게 홀딱 반했다.

몇 달 뒤, 나는 포시즌스 호텔 거실 바닥에 앉아 있었다. 호텔 방은 특별히 화려하진 않았고 짙은 갈색으로 꾸며져 있었다. 다음 날 뮤직비디오 촬영이 예정되어 있었고, 음악 밴드와 나는 커피 테이블을 사이에 두고 앉아 있었다. 처음 듣는 이름의 밴드였는데, 왜인지 만나기 전까지는 멤버들이 내 또래쯤 되는 젊은이들이겠거니 하고 생각했다. 그러나 소파에 앉은 남자들 모두 삼십 대 같았다. 그때 나는 열아홉 살이었다. 우리는 서로 인사를 나누고, 자기소개를 한 뒤, 불편한 침묵 속에 가만히 앉아 있었다. 밴드 멤버들이 내게 저녁을 살 거라는 얘기를 미리 들었고, 나는 배가 고팠다. 결국 내가 입을 열었다. "우리, 뭐 기다리는 거라도 있나요?"

"아, 릭을 기다리고 있어요. 금방 올 겁니다."

누군가의 대답이 끝나기가 무섭게 그들이 텔레파시라도 보낸 것처럼, 이어진 옆방 문이 열리더니 그 남자가, 세상에 이런 일이, 뮤직비디오에서 봤던 그 남자가 걸어 들어왔다. 릭 오케이섹이었다.

방을 가로질러 내 쪽으로 다가오는 그를 보자마자 나는 이 사람과 결혼하리란 걸 직감했다. 그는 곧장 내 옆자리로 다가왔고, 한마디 말도 없이 길고 깡마른 몸을 접어 의자에 앉으면서 내 눈을 똑바로 바라봤다. 숨이 쉬어지지 않았고, 이런 말을 뱉고 말았다. "혹시 제가 기절해도 신경 쓰지 마세요. 지금 너무너무 긴장돼요."

그는 한시도 내 얼굴에서 눈을 떼지 않고 내 무릎을 부드럽게 쓰다듬었다.

"기절하면 내가 잡아줄게요."

빠르게 움직이는 상어의 입에 물린 낚싯줄처럼 하염없이 풀리던 내 안의 불안이 팽팽하게 되감기기 시작했다. 그는 나를 비웃지도 않았고, 무시하지도 않았고, 상처받은 인간으로 바라보지도 않았다. 갑자기 안전해진 느낌이 들었다.

그는 정말로 나를 잡아주었다. 그리고 이후 25년 동안 나를 꾸준히 붙들어주었고 안전하게 지켜주었다.

사랑에 빠지는 것은 일시적인 정신 질환을 겪는 것과 유사하다. (최근 한 연구에서 사랑에 빠진 뇌를 스캔했는데, 약물 중독이나 강박 장애 등 심각한 건강 문제를 겪는 뇌와 변화 양상이 놀라울 정도로 유사했다.)

사랑에 빠지면 다른 생각 따위는 나지도 않는다. 내가 욕망하는 대상이 살고 있는 작은 섬이 세상의 전부이다. 그 외에는 어떤 것도 중요하지 않다. 내 마음을 사로잡은 이의 최신 발매 앨범이 네 개의 히트 싱글을 기록하며 플래티넘을 달성했다는 것도, 우리가 함께 뮤직비디오를 촬영한 노래가 이들 밴드의 가장 큰 히트곡이 되었다는 것도 중요하지 않았다. 어딜 가서 고개를 돌리든 그가 보였다. 슈퍼마켓에 가도 식당에 가도 그의 목소리가 나를 따라다녔고, 우리 집 엠티비 채널에서 온종일 그의 얼굴이 나왔다.

릭의 외모, 그가 움직이는 모습은 아름다울 뿐 아니라 매우 익숙하기도 했다. 마치 우리가 이미 사랑에 빠진 적 있는 것처럼. 물론 텔레비전 화면에서 보긴 했지만, 분명 그 이상의 무언가가 있었다. 이미 아는 사람 같았다. 그와 키스하면 어떤 느낌일지, 그와 사랑을 나누면 어떤 느낌일지 나는 이미 알았다. 그건 고향집에 돌아온 느낌이었다.

우리가 만났던 첫날 저녁, 오데온 레스토랑The Odeon
(1980년에 개업한 뉴욕의 유명 프랑스식 레스토랑—옮긴이)으로
저녁을 먹으러 갔을 때 릭은 아주 난해한 방식으로 내게 근
사하고도 재미있는 모습을 보여주었다. 내가 장난삼아 어
디 한번 해보라고 얘기하자, 그는 밥을 먹다 말고 누가 봐
도 데이트 중인 커플에게 다가가 그 테이블에 걸터앉아 말
없이 두 사람을 빤히 쳐다보았다. 나는 웃음이 터져 죽을 지
경이었지만, 다른 멤버들은 전혀 동요하지 않았다. 그 커플
은 무척 당황한 기색이었다. 몇 분 뒤, 그는 아무 일도 없었
다는 듯 내 옆자리로 돌아와 앉았다. 얼굴에 거의 붙어 있다
시피 하던 선글라스를 벗자, 아름답고 강렬한 청록색 눈망
울이 드러났다. 그 눈망울은 오로지 나를 향해 있었다. 그날
밤 우리가 나눈 이야기, 주고받은 농담 때문이 아니었다. 나
를 바라보던 그의 눈빛에서 나는 아름답다는 느낌, 온전히
관심받는 느낌, 나를 품어준다는 느낌을 받았다.

번잡한 나이트클럽 복도에서 우리는 도둑 키스를 나누었
고, 이틀간 뮤직비디오를 찍었던 브루클린 스튜디오의 내
대기실에서는 훨씬 더 자주 키스를 나누었다.

여러 차례 키스를 나누던 도중에 그에게 비밀을 하나 말

해달라고 했다. 대수롭지 않은 비밀, 나만 알 수 있는 그런 작은 비밀을 얘기해달라는 의미였다. 그때 릭은 유부남이라는 사실을 털어놓았다. 순간 누군가 내 얼굴에 찬물을 끼얹은 것 같았다. 그러나 그것도 잠시, 열아홉 살의 머리로, 관계가 불행한 데는 어느 한쪽의 잘못일 리 없고, 그러니 그의 결혼 생활은 행복하지 않다는 결론에 이르렀다. 그게 다였다. 우리는 다시 키스를 이어갔다.

월요일 아침, 촬영을 마치고 몇 시간 지나지 않아 미국판 〈보그Vogue〉 촬영이 예정되어 있었다. 촬영장에 도착했을 때 내 눈은 피로에 젖어 온통 흐릿했고, 마음은 그 사람으로 가득해 다른 생각을 할 여유가 없었다.

나는 남자친구를 떠나 한 여자친구의 집으로 들어갔다. 릭도 그렇게 할 줄 알았다. 그러나 아내를 떠나라고 그를 재촉한 지 몇 달이 지나서야 릭은 아이들이 있다는 사실을 털어놓았다. 나도 이혼 가정의 자녀였기에 그 말을 쉽게 넘길 수가 없었다. 관계를 정리하려고 했으나 뜻대로 되지 않았다. 오히려 금지된 사랑을 하고 있다는 사실 때문에 우리의 사랑은 더욱더 불타올랐다. 나는 이토록 가슴 벅차오르는,

끝이 보이지 않는 우리의 사랑을 믿었다.

릭은 남들에게는 냉정하고 무례한 사람으로 비칠지 몰라도, 나와 함께 있을 때만큼은 한없이 다정한 사람이었다. 그는 스킨십을 아끼지 않았다. 신체 접촉을 중요하게 여기는, 나무랄 데 없는 연인이었다. 우리는 밤마다 서로의 몸에 얽힌 채로 잠들었으며, 그럴 때면 어디부터 나고 어디까지가 그인지 모를 만큼 하나가 된 듯했다.

둘이 함께 옛날 영화를 보는 날이면, 그는 어김없이 눈물을 흘렸다. 우리가 가장 좋아한 영화는 「러브 어페어An Affair To Remember」였다. 니키(캐리 그랜트 역)가 마침내 테리(데보라 카 역)의 아파트에 찾아가 테리에게 엠파이어스테이트 빌딩 전망대에서 만나자던 약속을 지키지 않은 이유를 묻는 그 장면. 테리는 니키에게 사실을 말하지 않는다. 그저 무릎에 담요를 두른 채 계속 앉아 있을 뿐이다. 그러다 니키가 다른 방으로 들어가는데, 그 방에 휠체어가 있다. 그제야 그는 상황을 이해한다. 그런 그의 표정을 볼 때마다 릭은 니키와 함께 무너져 내렸다.

우리 두 사람은 사랑을 이해하는 방식이 동일했다. 우리 관계는 고통과 아름다움으로 가득 차 있었고, 나는 그것이 사랑의 깊이를 보여주는 증거라고 생각했다. "어둠이 없으면 반짝이는 별을 볼 수 없어." 릭은 이 말을 자주 인용했다. 그는 나를 너무나도 완전하게 사랑했고, 그래서 그 누구와도 나를 공유하려 하지 않았다. 나는 그의 집착 대상이었다. 이렇게 온전하게 누가 나를 원한다고 느낀 건 살면서 처음이었다. 언제 어디서든 우리가 함께해야 한다는 그의 고집에 나는 안정감을 느꼈다. 나를 이토록 깊이 사랑하는 남자라면 결코 나를 떠나지 않을 거라는 믿음 덕분이었다.

릭이 자기가 원하는 옷을 내게 사주면서부터 나는 그의 스타일에 흡수되었다. 그가 사주는 옷은 그의 것과 매우 흡사한 옷들, 주로 요지 야마모토Yohji Yamamoto(아방가르드 패션을 이끄는 일본의 패션 디자이너로, 검은색 위주의 단순한 색상에 독특한 실루엣을 강조한 의상이 특징이다.—옮긴이)의 와이드 팬츠와 무채색 셔츠였다. 나는 타이트한 점프슈트와 과감한 헤어스타일을 포기하고, 그가 선호하는 대로 옷을 입었다. 그가 내 게이 친구들을 질투하며 "그놈들이 당신 때문에 이성애자가 될 거야"라고 말했을 때 나는 게이인 남자친구들을 그만 만나는 게 망설여지면서도 동시에 묘하게 우쭐했다. 결국 나는 이성애자든 동성애자든 내 모든 친구를 포기했다. 우리 사랑보다 더 중요한 건 없었다. 그렇게 우리는 12번가에 있는 그의 작은 아파트에 단둘이 머물렀다.

그 집에서 우리는 「스타 트렉Star Trek」과 「신혼여행자 The Honeymooners」를 함께 봤고, 대형 전망창에 커튼이 없다는 사실도 개의치 않고 벽난로 앞 초록색 러그에서 사랑을 나누었다. 우리의 필요와 관심은 오로지 상대뿐이었다.

그에게 처음으로 받은 선물은 아르데코풍 패턴이 있는 실크 소재의 목욕 가운이었다. 여전히 그 가운을 갖고 있다. 그의 취향은 흠잡을 데 없었다. 그가 내 모든 옷을 사기 시작했다. 주로 기하학적 무늬가 있는 펑퍼짐한 아키텍트 셔츠와 바지, 벨벳 소재의 옷이었다. 기본적으로 그가 입는 것과 같은 스타일이었다. 나는 그의 눈에 예뻐 보이고 싶었기에 그가 좋아하는 스타일로 옷을 입었다.

우리는 서로에게 결점이 없었다. 이토록 사랑받고 있다고 느끼게 해주는 사람은 그가 처음이었다. 그가 내 일이나 생활을 제약하기도 했다. 특히 다른 남자와 함께하는 일에 그랬다. 그는 나를 다른 사람과 공유하려고 하지 않았고, 질투에 사로잡혀 분노를 터뜨리는 일도 잦았다. 그런 그를 볼 때면 내가 그에게 너무나도 중요한 존재라 그렇다고 이해했다. 나는 남자 파트너와 함께하는 촬영 스케줄을 잡지 않았고, 그의 일정에 맞추느라 주말에는 일하지 않았다. 우리는 친구도 골라서 극소수만 만났다. 우리가 늘 함께하는 세트라는 걸 이해해주는 이들이었다. 우리 사이에는 다른 사람이 들어올 틈이 없었다. 서로를 향한 열렬한 사랑으로 모든 공간이 채워졌다. 그 바람에 우리는 각자의 커리어에 타격을 입었다. 서로를 최우선 순위로 여긴 대가였다.

1987년, 그는 아내를 떠났다. 우리가 남들 몰래 함께 산 지 3년째였다. 어린애처럼 순진했던 나는 그 사이에도 우리 사랑을 한 번도 의심한 적이 없었다. 적절한 때를 기다리고 있는 거라고 믿었다. 그는 어린 자녀들이 있어서 시간이 필요하다고 말했다. 그는 첫 번째 아내를 떠날 때 아이들을 두고 떠났었는데, 두 번 다시 그러고 싶지 않다고 말했다. 나는 그를 이해했다. 그런 그가 좋은 아버지라 여겨졌고, 그래서 더욱 사랑하게 됐다.

우리가 결혼하기 전에 그는 내게 비밀 하나를 더 털어놓았다. 그는 내게 처음 말했던 것보다 네 살 더 많았다. 그러니까 나보다 스물한 살이나 많았다. 나이 차이 때문에 내가 자기를 떠날까 봐 불안해할 만큼 나를 사랑한다니 마음이 아팠다. 물론 그는 내게 거짓말을 했지만, 나를 잃을까 봐 그런 거였다! 나이 차이가 네 살 더 난다고 해서 그를 향한 내 마음이 식어버리기라도 할 것처럼.

우리는 1989년 8월에 결혼했다. 그의 이혼 절차가 마무리된 직후였다. 우리는 결혼 전에 이미 그래머시Gramercy(뉴욕 맨해튼에 있는 고급 주거지—옮긴이)에 집을 사두었다. 거기서 30년을 함께 살았다.

완벽한 결혼 생활이라고 생각했다.

그는 내 세상 전부, 내 우주 전부였다. 늘 꿈꾸던 삶이었다. 누군가에게 이토록 중요한 존재가 되는 삶. 이렇게 사랑받는 삶.

남편이 죽었을 때 12번가에 있는 그이의 비밀 아파트의 이웃이던 그리핀 던Griffin Dunne(미국의 영화배우이자 감독—옮긴이)은 〈베니티 페어Vanity Fair(미국의 연예 정보 패션 월간지—옮긴이)〉에 우리 부부가 그에게 했던 장난을 회고하며 릭을 추모했고, 다음과 같은 글을 덧붙였다.

이 두 사람만큼 서로 사랑하는 커플을

본 적이 없는 것 같다. 둘은 서로의 말을 귀담아듣고
남들은 이해하지 못할 일들로 폭소를 터뜨렸다.
둘만의 언어로 대화하는 이들을 보고 있노라면
돌고래의 말을 엿듣고 있는 기분이었다.

그게 바로 우리였다.

그러나 끝은 있었다. 두 아들이 자라면서 우리의 결혼 생활은 점차 무너지기 시작했다. 그를 향한 내 흠모는 점점 가라앉았고 이성적인 사랑이 대신하게 됐다. 그의 한계가 보이기 시작했다. 그러나 그는 여전히 내가 자신을 흠모하길 원했다. 눈먼 집착. 그것이 그가 아는 사랑이었다. 내가 그의 말에 반대할 때마다 그는 내게서 멀어져갔다.

그는 점점 나를 투명인간처럼 대했고, 결국 나는 벽지 같은 존재가 되었다. 그동안 우리는 몸을 통해 소통하고 연결됐다. 우리 관계는 언제나 육체적으로 이루어졌다. 그가 더 이상 나를 만지고 싶어 하지 않았을 때 나는 우리 관계가 끝났음을 깨달았다.

그의 사랑은 내 인생 대부분의 시간 동안 내게 안식처가 되어주었다. 그가 나를 사랑했던 방식이 나라는 사람을 만들었다. 쉰일곱 살이 된 지금에서야 열아홉 살 때 형성된 사랑의 개념을 여태 갖고 살았다는 걸 깨달았다.

지금이라면 절대 그런 사랑을 택하지 않을 것이다. 이제야 나는 내가 어떤 사람인지, 내게 필요한 게 무엇인지를 하나씩 알아가고 있다. 결혼 생활이라는 틀 안에서 감히 탐구하지 못했던 내 많은 부분을 이제야 조금씩 알아가는 중이다. 사랑의 제단에 나 자신을 희생하는 일은 두 번 다시 없을 것이다.

남편과 함께한 오랜 세월은 아주 근사했지만, 더 이상 아름다움의 대상으로 살아가는 삶에 만족할 수 없다는 걸 깨달았다. 아무리 소중한 대상이라 할지라도 말이다. 나는 이제 버림받을까 봐 두려워서 연인의 요구에 무조건 순응하는 애가 아니다. 나는 상실의 슬픔, 배신, 실연의 아픔을 모두 겪은 여자다. 이제 나는 내가 얼마나 강인하지 안다. 내게 필요한 것, 내가 원하는 것은 사랑이다. 진정한 사랑. 첫 모금에 들어오는 부드러운 맥주 거품이 그렇듯, 흠모가 사랑의 시작이 될 수는 있다. 그러나 사랑은 그 아래 더 깊은 곳에 있다. 거품 아래 황금빛을 띤, 톡 쏘는 맥주가 바로 사랑이라는 본질이다. 흠모는 모든 것을 집어삼킬 만큼 압도적이고 맹목적이다. 그러나 사랑에는 본질이 있다. 사랑은 결점을 인식하고 인정하고 용서하며, 이를 불완전한 한 인간의 일부로 받아들인다.

체코에서는 맥주 없는 맥주를 주문할 수 있다. 실제로 거품만 한잔 주문해서 숟가락으로 떠먹기도 한다. 그러나 그걸 맥주라고 볼 수는 없다. 거품만으로는 배를 채울 수 없다. 이제 와 생각해보면, 릭과 나는 거품과 같은 흠모 속에서 서로에게 거품을 내기 위해 너무 많은 시간을 보내느라 다른 것을 할 시간이 없었다. 둘 다 커리어를 망쳤고 친구도 잃었다. 우리는 거품이라는 달콤한 구름에 너무도 푹 빠져 있었다. 내가 더 깊이 들어가려 할 때 그는 내가 주려는 게 무엇인지 알아차리지 못했다. 맥주가 가진 약간의 쌉쌀함을 릭은 조금도 좋아한 적이 없다.

미래를 아는 것

열일곱 살의 나는 상사병이 날 정도로 나이절Nigel을 사랑했다. 곱슬곱슬한 금발, 짙은 눈동자, 각진 턱까지. 나이절 생각을 한시도 멈출 수 없었다. 나이절을 다시 만날 수 있을지 너무나 알고 싶었다. 그리고 바로 그맘때, 에이전시의 캐스팅 매니저booker이자 친구인 앤Anne이 내게 점쟁이를 소개해줬다.

나는 어둠의 거리에 있는 아파트 안에서 수정 구슬을 들고 있는 노파의 모습을 상상했다. 그러나 주소가 적힌 종잇조각을 들고 있는 나는 장엄한 가로수가 늘어선 니엘 에비뉴Avenue Niel(파리 17구 중심부에 위치한 고급 주거 지역—옮

긴이)를 걷고 있었고, 곧이어 오스만 스타일Haussmannian
(나폴레옹 3세가 주도한 파리 개조 사업에 공을 세운 조르주 오스
만 남작의 건축 스타일—옮긴이)로 지어진 웅장한 아파트 앞
에 도착했다. 완벽하게 대칭되는 큼직한 창문들이 부드러
운 모래 빛깔 석재 외벽으로 퍼지는 햇살을 고스란히 받아
내고 있었다. 돈 냄새, 그러니까 대대로 내려온 부의 냄새가
풍겼다. 나는 약간 위축된 상태로, 그리고 제대로 찾아왔는
지 확신하지 못하는 상태로 조각이 새겨진 묵직한 문을 열
고 들어가 엘리베이터를 타고 삼 층으로 올라갔다. 엘리베
이터 문이 열리자, 양쪽으로 광택이 도는 화려한 목재 이중
문이 있는 대기 공간이 나타났다.

작달막한 키에 타이트한 펜슬스커트, 실크 블라우스, 하
이힐, 진주까지 빈틈없이 갖춰 입고 머리도 완벽하게 세팅
한 여자가 문을 열어주었다. 오십 대쯤 되어 보였다. 집을
잘못 찾아온 것 같다고 사과하고 돌아가야지 생각하던 찰
나, 여자가 내 쪽으로 한 걸음 다가오며 손 키스를 날렸다.
그제야 맞게 찾아왔구나 싶었다.

우리는 나무 패널이 예쁘게 깔린 서재 테이블로 가서 앉
았다. 앉자마자 여자는 내 어머니에 대해, 우리 모녀 관계에

대해 장황하게 이야기를 늘어놓기 시작했다. 질문 하나 없이 어떻게 이렇게 많은 걸 알고 있는지 궁금하지도 않았다. 듣고 있기 지루하기만 했다. 내가 궁금한 건 나이절 얘기뿐이었으니까.

마침내 본론으로 들어갔다. "오늘 무엇이 궁금해서 찾아왔죠?" 여자가 물었다.

나는 안달난 사람처럼 보이지 않으려고 짐짓 여유를 부리듯 머리카락을 뒤로 쓸어 넘기며 말했다. "음, 그게…." 굳이 무언가 생각하는 척했다. 그러는 동안에도 심장은 미친 듯이 뛰어댔다. "어떤 남자가 있는데, 제가 그 사람을 다시 만날 수 있을까요?"

여자는 약간 짜증스럽다는 듯 매니큐어가 꼼꼼히 발린 손가락을 흔들면서 살짝 눈을 감고, 몸을 뒤로 젖히고, 고개를 가로저으면서 내 질문을 허공에 흩뜨렸다. 그러고는 이렇게 말했다. "그 남자를 다시 만날 때쯤이면, 그 사람이 자기 눈에 들어오지도 않을 거예요." 여자는 내 마음에 비수를 꽂아놓고는 그런 줄도 모르는 것 같았다. 이어 타로 카드 한 벌을 집어서 살살 섞기 시작했다. "어머니가 외국에 살고 있나요?"

여자는 내 커리어를 얘기하며 내가 큰 성공을 거둘 것이고, 영화도 몇 편 찍게 될 것이라고 말했다. "그런데 자기가 할 일은 이런 게 아니네." 여자가 말했다. "자기는 결국 책을 쓰게 될 거예요."

'잘~ 알겠습니다.' 나는 속으로 대꾸했다. 말도 안 되는 끔찍한 소리였다. 내가 노인네 작가가 될 것이고 나이절과 함께하지 않을 거라니.

"자기는 연상의 유명인을 만날 거예요." 여자가 말을 이었다. "유부남. 자기 때문에 이혼할 거고."

내 연애 얘기에 귀가 쫑긋 섰지만, 그 내용은 조금도 달갑지 않았다. "두 사람은 오랫동안 함께할 텐데. 그런데 결국엔…." 여자가 말끝을 흐렸다. "결국엔 헤어지네…." 여자는 말을 잇기를 주저하는 듯했고, 나도 별로 궁금하지 않아 굳이 묻지 않았다. 나이절의 마르고 창백한 몸을 품에 안을 일이 없다는 사실을 슬퍼하느라 여념이 없었다.

행복한 결혼 생활에 젖어 있는 동안에는 점쟁이를 찾아갈 생각을 한 번도 하지 않았다. 행복할 때는 미래를 알고 싶지도 않다. 계속 그대로 머물고 싶을 뿐이다. 그러나 결혼 생활이 휘청거리면서 내 앞날과 미래가 괜찮으리라는 걸 분명하게 확인하고 싶어졌다. 언제부턴가 일기 예보에 집착했고, 약 2년 내내 부엌에 날씨 채널을 틀어놓았다. 내일 날씨가 어떨지, 아침에 눈떴을 때 해가 떠 있을지 비가 내리고 있을지 미리 알아야 마음이 놓였다. 마음의 준비를 할 수 있다는 게 좋았다. 내가 날씨에 꽂힌 이유를 그 당시에는 몰랐다. 그저 내일 날씨를 미리 아는 것이면 충분했다. 이제 와 돌이켜보니, 그때 나는 미래를 통제하고 싶었던 거였다. 느닷없이 깜짝 놀라지 않도록.

그러다 결혼 생활이 회복할 수 없을 지경에 이르렀을 즈음, 오래전 파리에서 만났던 점쟁이가 떠올랐다. 뉴욕에도 그런 점쟁이가 있을 터였다. 온라인에 검색해보니 힐러, 점쟁이, 점성술사 등 수많은 검색 결과가 쏟아져나왔다. 하지만 내가 원하는 건 딱 그때 그 여자 같은 사람이었다. 그런데 정확히 내가 알고 싶었던 내용은 뭐였을까? 파리에서 점쟁이를 찾아갔을 때 내게는 구체적인 질문이 있었다. 이번에도 마찬가지였다. 당시 나는 쉰다섯 살이었고, 몇 년째 남편의 스킨십이 없었다. 난 투명인간이 된 것 같았다. 내가 궁금했던 건 다시 섹스를 할 수 있을지 여부였다. 돌이켜보면 단지 그런 게 알고 싶었던 건 아니다. 나는 더 크고 깊은 것, 내가 정확하게 알지 못하는 것, 그 당시의 내가 깨닫지 못했던 것을 알고 싶었다.

그때의 나는 누구든 내게 계속 살아갈 이유를 말해주기를 바라고 있었다.

토니Tony의 사무실은 뉴욕 시내 한 오피스빌딩 11층에 있었다. 복도에서 봤을 때는 평범한 회사 사무실이었는데, 막상 들어가 보니 어둑한 조명, 러그, 벽걸이 장식품, 양초 덕분에 실내가 매우 아늑했다. 서류 뭉치와 크리스털, 타로 카드가 놓인 책상 건너편에 사십 대 미남 토니가 앉아 있었다.

"곧 사랑에 빠집니다." 토니가 말했다.

나는 웃음을 터뜨렸다. 사랑에 전혀 관심이 없어서였다. 오랜 결혼 생활에서 막 벗어나려던 때라 다시 사랑에 빠진다는 건 솔직히 상상도 안 됐다.

"저는 사랑에 빠질 생각이 없는걸요." 내가 자신만만하게 말했다.

"그래도 그렇게 됩니다." 토니가 씩 웃었다.

그가 다른 얘기들도 했지만, 나는 한 귀로 흘려들었다. 내 마음을 짓누르는 문제에 대한 대답이나 빨리 듣고 싶었다.

"6주에서 8주." 그가 상냥하게 웃으며 말했다.

그로부터 8주 뒤, 나는 남자친구가 될 남자를 만났다. 부에노스아이레스의 또 다른 점쟁이가 나를 망가뜨릴 거라고 경고했던 바로 그 남자였다. 그러나 그 여자도 토니도 내게 말하지 않은 게 하나 있었다. 그에게서 얻은 실연의 아픔 덕분에 내가 바라던 여성으로 성장하게 되리라는 사실이었다.

토니를 만나고 오니 위안이 되었다. 내게 통제권이 생긴 것 같았다. 앞날은 그저 막막했고, 내 삶은 무너지는 것 같았다. 결혼 생활이 깨지고 있었고, 다 큰 자녀들은 집을 떠나가고 있었으며, 나이 먹고 한물간 탓에 모델로서의 커리어마저 끝나가고 있었다. 수십 년간 아내이자 어머니로 살던 내내 그토록 확고했던 목적의식은 그 역할과 함께 사라지고 있었다.

릭이 죽은 뒤로는 미래를 알고 싶은 열망, 일어날 일을 통제하고 싶다는 열망이 점점 더 커졌다.

물에 빠져 허덕이던 나는 어디로 가는지도 모른 채 표류물이 무엇이든 손에 닿는 대로 붙잡았다. 속절없이 점성술에 중독되어갔다. 오늘의 운세를 제공하는 점성술 앱을 몇 개씩 구독했고, 서로 상충하는 내용을 읽으면서는 가장 마음에 드는 것만 기억했다. 오늘의 운세를 제공하는 타로 카드 앱도 하나 구독했는데, 반은 맞고 반은 틀렸다. 매년 토니에게 연락해 신년 운세를 점쳤다. 유명한 점성술사에게 내 출생 차트birth chart(생년월일의 태양계 행성 배치를 통해 전생, 성격, 기질 등을 점치는 것—옮긴이)를 봐달라고 했더니, 나더러 전생에 신경다발로 이루어진 공성 망치라고 했다. 감수성이 풍부하면서도 거칠게 들이받는 사람이란 뜻이겠지. 그동안 들어본 것 중에 내 성격을 가장 잘 표현한 묘사였다. 그러다 마침내 전생 체험을 전문으로 하는 미셸Michelle을 만나게 되었다.

미셸을 찾은 건 인터넷에서였다. 그를 만나기 위해 나는 비바람이 몰아치던 날 베스파Vespa(이탈리아의 스쿠터 브랜드—옮긴이)를 타고 업타운uptown(주로 고급 주택가가 있는 맨해튼 북부 지역—옮긴이) 주택 지구에 있는 아파트로 향했다. 가는 길에 교통경찰이 날 멈춰 세우고는 보호안경을 착용하지 않았다며 딱지를 끊었다. 경찰이 내 교통 위반 딱지를 끄적이는 동안 나는 눈물을 터뜨리며 남편이 얼마 전 세상을 떠났다고, 그래서 지금 상담 치료를 받으러 가는 길이라고 하소연했다. 그는 "안타깝네요. 뭐라 말씀을 드려야 할지"라고 말하고는 내게 딱지를 건넸다.

　나는 햇살이 내리쬐는 아름답게 단장된 미셸의 아파트에 도착해, 거실에 놓인 편안한 소파에 등을 기대고 누웠다. 미셸은 내가 완전한 휴식 상태로 빠져들도록 최면을 걸었다. 미셸의 지시에 따라 눈앞에 백일몽 같은 환상이 펼쳐지기 시작했다.

　중요한 미팅을 앞두고 옷을 갖춰 입은 내 모습이 보였다. 딱 봐도 빌려 입은 옷이었다. 은색과 하늘색으로 장식된 양단 더블릿doublet(15~17세기 유럽 남자들이 외투 안에 받쳐 입던 허리가 잘록하고 몸에 꽉 끼는 상의—옮긴이)에 망토, 거기에 어울리는 타이츠를 입고 모자를 쓴 모습이었다. 내 후원자가 되어주었으면 했던 남자, 내 그림을 후원해줄지도 모를 남자를 만날 예정이었다. 처마 밑 아담한 다락방은 늦은 아침의 열기를 잔뜩 머금고 있었다. 건물 아래 운하에서 일렁이는 수면에 반사된 빛이 내 방에 하나 있는 창문으로 들어와 먼지 낀 나무 바닥 위에 물결치는 그림자를 수놓았다. 밑에서 사람들 목소리도 들렸다. 컨디션이 별로 좋지 않았다. 곧 있을 미팅에 대한 기대와 불안 때문이겠거니 대수롭지 않게 넘겼다. 현관문을 열고 좁다란 거리로 나가자, 운하는 윤슬이 반짝였고 좁은 거리는 인파로 북적거렸다. 중앙 광장으로 가야 하는데, 묵직한 양단 속으로 땀이 흘렀다. 마치 소파 속에 갇힌 채 걸어야 하는 사람이 된 것 같았다. 집에서 멀어질수록 뱃속이 점점 더 거북해졌다. 열기와 통증 때문에 기절할 것 같았다. 그리고 광장으로 이어지는 모퉁이를 돌기 직전, 내 대장은 통제력을 잃고 안에 든 내용물을 빌려 입은 타이츠 안에다가 왈칵 쏟아내고 말았다.

나는 다락방으로 돌아와 창문을 활짝 열고서 악취를, 내 몸에서 나는 악취를 밖으로 내보냈다. 나는 죽어가고 있었고, 나도 이를 알고 있었다. 내 친구들, 나처럼 모두 남자인 다른 아티스트들이 내 침대 옆에 서서 불안하고 슬픈 얼굴로 나를 쳐다보았다. 인생은 참으로 불공평하구나. 나는 씁쓸한 마음으로 이렇게 생각했다. 성공을 코앞에 두고 나는 떠나야 했다.

"이번 생에서 무엇을 배웠나요?" 미셸이 물었다.

"인생이 불공평하다는 것." 내가 눈물을 흘리며 말했다. "그리고 결과를 통제할 힘이 내겐 없다는 것이요."

미셸이 두 번째 생으로 나를 이끌었고, 거기서 나는 곧장 죽음의 순간으로 뛰어들었다. 사람들 한 무리가 나를 둘러싸고 있었는데, 수많은 팔과 옷자락이 휘몰아치더니 내 가슴과 배, 등에 날카로운 고통이 밀려왔다. 내 시선은 계속 바닥을 향해 있었다. 바닥에는 차가운 흑백 타일이 바둑판 무늬로 깔려 있었고, 모자이크 사이사이 화환 모양의 장식용 색깔 타일이 있었다. 무슨 일이 벌어지는 것인지 처음에는 전혀 알 수 없었다. 조금도 예상하지 못한 일이었다. 나는 좋은 의도로 왔건만, 영문도 모른 채 하염없이 칼에 찔리고 있었다. 다시 한 번 나는 인생이 불공평하다는 사실을 깨달으며 죽어갔다. 이번 생에서는 내가 믿지 말아야 할 사람들을 믿은 것이 문제였다.

   마지막으로 방문한 생에서 나는 파리의 한 매춘업소 중년 여주인이었다. 매춘부로 일하기 시작해 주인까지 올라간 것이었다. 집 안은 좁은 공간을 따라 수많은 계단이 놓여 있었고, 붉은색 벽에는 금색 촛대들이 걸려 있었다. 나는 상냥한 사람이 아니었다. 실망과 후회가 많은, 외로운 여자였다. 딸과의 사이가 소원해진 이후로 딸을 향한 서운함과 씁쓸함을 내 밑에서 일하는 어린 여자애들에게 쏟아부었다. 그러나 내가 병실 침상에 누워 늙어 죽어갈 때, 다 큰 딸이 내 손을 잡아주었다. 나는 좋은 어머니가 아니었다는 걸 알아

눈물을 흘렸다.

"무엇을 배웠나요?" 미셸의 목소리가 차분히 나를 이끌어주었다.

사랑보다 중요한 건 없다는 사실을.

내가 이것들을 정말로 전생이라고 믿는 걸까? 내가 환생을 믿는 걸까? 아니면 이 '기억들'은 내게 뭔가를 가르쳐주기 위해 표면으로 떠오른 잠재의식에 불과할까? 전자라면 좋겠지만, 나는 후자일 가능성이 더 크다고 생각한다.

그럼에도 이러한 경험은 잠시나마 내게 힘이 되었다. 내가 그토록 갈망했던 안심과 통제력을 느낄 수 있었으니까.

그러나 왜일까? 어째서 전생을 생각하면 현생에서 미래를 안심하게 되는 걸까? 전생들이 현생의 고통에 의미가 있다는 걸 일시적으로나마 느끼게 해주기 때문이다. 전생 체험을 통해 내 전생이 곧 교훈임을 깨달았다. 그렇다면 지금 겪는 고통도 무의미하진 않을 것이다. 이 고통 또한 내게 뭔가를 가르치고 있는지도 모른다. 내가 이생에 온 데는 이유가 있고, 내 고통에는 목적이 있다. 고통은 곧 스승이다. 이러한 사실이 내게 희망을 주었다.

토니를 찾아간 것도 같은 이유에서였다. 내겐 희망이, 계속 나아가야 할 이유가 필요했다. 나를 이토록 짓누르는 외로움에서 벗어날 방법은 내가 다시 욕망의 대상이 되는 것뿐이라고 생각했다. 섹스가 해결책이 될 거로 생각했다. 그런데 왜 다시 사랑에 빠질 거라는 예언을 듣고도 나는 황홀하지 않았던 걸까? 이미 온전하고 완전하게 사랑해봤으나, 그 사랑이 나를 이토록 외로운 곳에 데려다놓았기 때문이었다.

나는 평생 사랑을 갈망하는 동시에 사랑을 의심했다. 내가 다른 사람을 사랑할 수 있다는 건 알았지만, 다른 사람이 나를 진심으로 사랑하는 게 과연 가능할지 확신할 수 없었다. 내가 그런 사랑을 받을 가치가 있는 사람인지 확신하지 못했다. 날 사랑해준 사람은 우리 바비 할머니였다. 할머니처럼 나를 사랑해줄 사람을 찾아다녔다. 그렇게 그이를 찾았고, 그이를 잃었다.

토니가 내가 다시 사랑에 빠질 거라고 말했을 때, 싫다는 생각뿐이었다. 나는 사랑하고 싶지 않았다. 사랑은 아프다. 나는 욕망의 대상이 되고 싶었다. 나를 향한 릭의 욕망은 오랜 세월 나를 행복하게 했다. 릭이 내게 아낌없이 쏟아주었던 그 느낌, 압도적이고 맹목적인 욕망을 다시 느낀다면 상처가 치유될 거라고 합리화했다.

욕망을 향한 욕망은 어둠 속의 불꽃이었다. 그게 내 희망이었다.

앞날의 예언과 전생에 대한 기억이 진짜일 수도 있다. 자기 자신을 돕기 위해 뇌를 속이는 플라세보일 수도 있다. 진짜든 가짜든 결과는 같다. 중요한 건 빛이라는 자그마한 불꽃을 찾게 된다는 것이다.

나는 플라세보 신봉자다. 그게 설탕 알약일 수도 있지만, 혓바닥에서 녹는 동안 현존하는 가장 효과적인 연고인 희망을 방출한다. 어떤 면에서 보면, 희망이야말로 생명 유지의 필수 요소다. 희망 없이는 영역성, 경쟁, 번식 같은 생존을 위한 요소들도 아무 의미가 없다. 사랑받을 수 있을 거라는, 내 얘기를 들어줄 사람이 있을 거라는, 내가 중요한 사람일 거라는, 내 고통에 목적이 있을 거라는, 그리고 내 삶이 의미 있을 거라는 희망. 때론 내일은 내일의 태양이 뜨리라는 희망 하나면 충분하기도 하다.

토니는 내게 희망의 불씨를 지폈다. 토니가 내게 사랑에 빠질 거라고 말했다는 건, 나를 사랑해줄 사람이 있다는 의미였다. 나를 욕망하는 사람이 있다는 얘기였다. 토니는 내 커리어나 아이들처럼 내가 중요하게 여길 만한 얘기들도 길게 했지만, 파리에서 점쟁이를 만나러 갔던 그날처럼 이번에도 내가 궁금한 건 단 하나였다. 나를 가둔 어둠을 밝혀줄 빛, 내가 본 적 있는 그 빛이 다시 내게 올 것인지.

희망은 세상에서 가장 거대한 동시에 가장 작다. 희망이 빛의 원천이 될 순 있으나, 이는 반딧불이를 잡아 유리병 안에 넣는 것과 같다. 그것만으로 방 전체가 환해질 리는 만무하나, 그 덕분에 우리는 이 세상에 빛이 존재한다는 사실을 알 수 있다.

반딧불이의 엷은 빛을 이용해 더 나은 광원을 찾는 대신 나는 오로지 반딧불이에 의존하면서 그들이 내 방을 더 밝게 비춰주기만을 바랐다. 반딧불이가 죽을 때마다 새로운 한 마리를 잡아야 했다. 다른 반딧불이, 또 다른 반딧불이를. 이런 이유로 숱하게 점을 보고, 점성술사를 찾아가고, 전생 체험을 하러 다녔다. 이를 통해 내가 삶의 통제력이나 지속적인 안정감을 얻은 건 아니다. 그렇다고 시간 낭비도 아니었다. 절대 아니었다. 내게 빛이 존재한다는 새롭고 소중한 믿음을 얻었으니까.

내 문제는 멀리 보지 못한다는 것이었다. 나는 당장 눈앞에 보이는 것, 내가 아는 것만 찾으려 했다. 반딧불이를 찾듯이. 그러던 어느 날, 마침내 나는 그 반딧불이의 불빛을 이용해 촛불을 밝힐 성냥을 찾아야 한다는 걸 깨달았다.

그렇다, 나는 다시 남자들의 사랑을 받았다. 그러나 그들은 모두 반딧불이, 작은 불꽃에 불과했다. 그 불꽃들은 내 인생의 지금 단계에서 새로운 목적을 찾는 데 필요한 빛을 만들어줄 양초를 찾도록 나를 이끌었다. 이 양초야말로 내게 진정으로 필요했던 것이었고, 그것은 내가 바로 그 양초라는 깨달음이었다.

키

"나 때문에 낮추지 마요." 그 유명 배우가 내 귀에 이렇게 속삭였다.

사진 촬영을 위해 그 배우 옆에 서달라는 요청을 받았는데, 내가 화려한 드레스에 하이힐을 신은 탓에 그 배우보다 20센티미터는 족히 커진 상태였다. 나는 거의 반사적으로 엉덩이를 뒤로 쭉 빼고 허리를 구부려 키를 낮춘 뒤 그의 허리에 팔을 둘렀다.

그의 귀엣말에 따귀를 한 대 맞은 것 같았다. 낮추다. 내 행동을 정확히 표현한 말이었다. 나는 그의 기분을 배려해 나 자신을 작게 만들고 있었다. 이런 내 행동을 그 배우는 곧장 알아차렸는데, 내가 이런 행동을 한다는 걸 스스로 깨달은 건 이때가 처음이었다. 그의 말은 옳았고, 그건 아주 큰 충격이었다.

게다가 그는 '나 때문에'라는 말도 덧붙였다. 내가 정말 그랬을까? 정말 그 사람 때문에 그랬던 걸까?

나는 그에게 몸을 기울여 귓속말로 이렇게 말했다. "그쪽 때문이 아니에요. 제가 좋아서 하는 거예요."

내 키가 문제 된 건 열세 살 때부터였다. 그전에도 항상 큰 편이었지만, 사춘기에 접어들고 순식간에 키가 180센티미터까지 자라면서 전교생을 내려다보게 되었다. 동급생들은 나를 '기린'이라고 불렀고, 심지어 '낙타사슴'이라고 놀리던 애들도 있었다. 나는 복도를 오갈 때면 조금이라도 눈에 덜 띄려고, 조금이라도 덜 커 보이려고 웅크린 채 다녔다. 학교에 나만큼 키 큰 여자애는 커스틴Kerstin 한 명뿐이었는데, 걔도 작아 보이려고 얼마나 애를 썼는지 등이 굽고 말았다. 커스틴도 나처럼 남자친구가 없었다.

제발 키가 작아지기를, 나도 다른 애들처럼 평범해지기를 얼마나 기도했는지 모른다.

9학년이 끝나가던 어느 날 밤, 샬럿Charlotte이라는 친구와 나이트클럽에 몰래 들어가보기로 했다. 우리는 공들여 화장했고, 머리카락을 부스스하게 빗고 구불구불하게 말았다. 그랬더니 놀랍게도, 나이트클럽 가드들은 대번에 우리를 들여보내주었다.

클럽 내부는 교내 댄스파티와 전혀 다른 풍경이었다. 자욱한 담배 연기 사이로 시큼한 냄새가 스며 나왔다. 클럽 안은 어두웠고, 댄스플로어는 사람들로 가득했다. 디스코 볼은 빛을 유리 파편 모양으로 반사했다. 무더운 한낮의 산들바람 같은 기대감에 파르르 몸이 떨렸다. 잘은 몰라도 이곳에 있으면 위험한 어떤 일이 유쾌하게 일어날 것 같았다. 경험으로 아는 건 없고 소문으로만 듣던 그런 일들이.

샬럿과 나는 죄책감을 느끼며 조심스럽게 클럽을 돌아다녔다. 샬럿은 열여섯, 나는 열다섯이었다. 성인 나이트클럽에 들어갈 일이 전혀 없는 나이였다. 우리는 구석에 자리를 잡고 앉아서 댄스플로어의 남자애들, 아니, 남자들을 지켜보았다. 다들 확실히 열여덟 살은 넘어 보였다. 샬럿이 마음에 드는 남자를 발견하고 그에게 다가가 춤을 청했다. 나도 누군가에게 말 걸 용기를 내보려고 애쓰며 럼과 콜라를 홀짝거렸다. 그때 내 위로 누군가의 그림자가 드리워졌다. 남자였다. 내 앞에 남자가 서 있었다.

"춤출래요?"

누구에게 하는 말인지 주변을 두리번거린 뒤에야 그게 내게 하는 말이라는 걸 깨달았다. 심장이 쿵, 발바닥까지 떨어졌다. 그가 손을 내밀기에 그 손을 잡았다. 꼭 디즈니 공주가 된 것 같았다. 이런 일이 정말로 일어나고 있다니.

마침 음악이 발라드로 바뀌었다. 내가 가장 좋아하는 곡, 어스 윈드 앤드 파이어Earth, Wind & Fire(R&B, 재즈, 디스코, 펑크 등 다양한 장르를 아우르는 미국의 밴드—옮긴이)의 「판타지Fantasy」였다. 이보다 더 완벽할 수 없는 타이밍이었다.

나는 댄스플로어에서의 인생을 시작할 마음의 준비를 하며 천천히 몸을 일으켰다. 그러나 내가 자리에서 일어나 몸을 바로 세울수록, 남자의 머리는 내 시선 아래로 하염없이 멀어져갔다. 나를 쳐다보는 그의 눈이 점점 커졌고, 그의 입은 떡 벌어졌다. 남자의 얼굴 근육이 풀리고 있었다. 마치 녹아내리는 것 같았다. 우리는 바 테이블 위로 손을 맞잡고 가만히 서 있었다. 남자 정수리가 내 어깨에 올까 말까 했다. 그는 내 손을 놓고 뒤돌더니 바에 기대어 서 있던 친구들 무리로 냉큼 돌아가버렸다. 내 댄스 파트너가 될 뻔했던 그 남자는 친구들에게 돌아가면서 고개를 가로저었고, 그 친구들은 웃음을 터뜨렸다. 남자는 시끄러운 음악을 뚫느라 친구들에게 소리치듯 말했다. 그 바람에 그 목소리는 나한테까지 들렸다. "쟤 여자 맞냐?"

키와 성별 사이에 어떤 연관이 있을까? 키 큰 여성으로서 한마디 하자면, 내가 어릴 때는 키와 여성성이 반비례했다. 둘은 공존할 수 없었다. 자연스레 나는 키가 크면 여성스러울 수 없다고 믿게 됐다.

열세 살인가 됐을 때, 더들리 무어Dudley Moore와 수전 앤턴Susan Anton의 사진을 본 기억이 있다(1980년대 초 둘은 공개 연애를 했는데, 둘의 키 차이가 화제였다.—옮긴이). 더들리는 키가 수전의 어깨쯤 되었다. 수전이 더들리보다 말 그대로 머리 하나만큼 더 컸다. 둘이 같이 찍은 사진에는 항상 더들리가 침대에서 얼마나 환상적이면 이렇게 안 어울리는 커플이 가능하겠냐는 내용의 캡션이 달렸다. 나는 그게 무슨 의미인지도 모르면서 '자기보다 훨씬 큰 여자와 사귀는 남자라니 틀림없이 용감하고 자신감 넘치는 사람일 것'이라고 생각했다.

1980년대 초에 찰스 왕세자와 다이애나 비를 찍은 유명한 사진을 보면, 찰스 왕세자가 다이애나 비보다 크다. 그러나 다이애나 비가 플랫슈즈를 신고 찰스 왕세자와 나란히 서서 찍은 다른 사진들을 보면, 두 사람은 키가 엇비슷하다. 찰스 왕세자가 더 크게 나온 사진은 틀림없이 연출된 것이다. 남자는 자기가 선택한 여자보다 키가 커야 한다. 그것이 남자가 여자보다 '더 우월하다'는 것을 직접적으로, 한눈에 알아보게 하는 신호이기 때문이다.

그로부터 30년 뒤, 친구에게 데이트 앱 사용법을 알려주면서 나이, 학력, 종교 등 선호도를 표시하다가 '신장' 항목에 이르렀다. 친구는 183센티미터 이상의 남자만 만나고 싶다고 말했다. 친구의 키는 176센티미터였다. 미국 남성의 평균 키는 176센티미터이고, 여성의 평균 키는 164센티미터다. 그러나 데이트 앱에서는 키 큰 남자가 작은 남자보다 훨씬 더 많이 선택받는다. 젊은 여자가 나이 든 여자보다 더 많이 선택받는 것처럼. 그래서 여자들이 나이를 속이는 경향이 있다면, 남자들은 키를 속이는 경향이 있다.

내가 「댄싱 위드 더 스타Dancing with the Stars(유명인들

이 프로 댄서와 짝을 이뤄 댄스 경연 대회를 벌이는 미국의 인기 리얼리티 프로그램—옮긴이)」에 출연하기로 했을 때, 내 파트너가 방송을 통해 공개되었다. 나는 내 리액션을 포착하려는 여러 카메라를 이끌고서 볕이 잘 드는 새하얀 스튜디오로 걸어 들어갔다. 내 파트너가 될 남자가 스튜디오 한가운데에 서 있었다. 남자는 비현실적으로 잘생겼으며, 음, 키가 작았다. 작은 편이었다. 나보다 작았다. 그러나 춤추기 전까지는 상대방의 키를 별로 중요하게 생각하지 않았다.

전통적인 볼룸 댄스는 키 큰 여성과 키 작은 남성이 출만한 게 전혀 아니었다. 전통적으로 남자 댄서는 품 안의 파트너를 리드하고, 감싸주고, 균형을 잡아줘야 한다. 남자가 여자보다 키가 작으면, 균형이 무너진다. 여자 댄서가 상체를 뒤로 젖히는 동작인 백 린backward lean을 우리 둘은 무던히 반복해 연습해야 했다. 키 차이 때문에 이 동작을 '제대로' 하려면 내가 상체를 아주 많이 젖혀야 했다. 뒤로 젖히는 동작마다 몸통과 등의 모든 근육을 사용해야 했고, 내 등은 이를 전혀 달가워하지 않았다.

같은 프로그램에서 나보다 키가 더 큰 다른 파트너와 춤추게 되면서 그간 이 동작을 얼마나 힘들게 했는지 알게 됐다. 키 큰 파트너와 춤을 춰보니 모든 동작이 톱니바퀴 맞물리듯 딱딱 들어맞았다. 힘이 절반밖에 들지 않았다. 입는 순간 맞춤처럼 잘 맞는 완벽한 청바지를 찾은 것 같았다. 순식간에 모든 게 이치에 맞았다.

남자라면 응당 여자보다 키가 클 거라고 가정하는 세상이다.

나는 키가 195센티미터인 남자와 결혼했다. 180센티미터인 나는 릭보다 한참 작았고, 그런 그와 함께 있으면 아주 여성스러운 사람이 된 것 같았다. 이런 느낌은 처음이었다. 정말 좋았다.

릭과 헤어지고 처음 만났던 남자친구의 키는 170센티미터로, 나보다 10센티미터 작았다. 처음에는 내가 그보다 커서 미련해 보이는 것 같았다. 친구들을 볼 때면 나는 특별한 남자를 만났다고, 내 남자친구는 섹시하고 재미있다고, 그리고 키가 작다고 말했다. 왜인지 모르게 만나는 모두에게 그 사실을 말해야 할 것 같았다. 무엇 때문에 그랬는지는 지금까지도 잘 모르겠다. 그러나 내 남자친구는 아주 자신감 넘치는 사람이었고, 몇 주 지나지 않아 키 차이에 익숙해졌는지 더는 그가 작아 보이지 않았다. 그저 내가 너무 크다는 생각이 들 뿐이었다.

어느 날, 둘이 같이 아는 친구인 알렉스Alex, 하이디Heidi 와 함께 놀러 나갔다. 알렉스라는 친구는 키는 작지만, 성격 과 태도, 자신감만큼은 큰 사람이었다. 알렉스는 자기 자신 을 웃음거리 삼아 농담할 때가 많았고, 그와 나는 여느 때처 럼 서로 농담을 주거니 받거니 했다. 그날 밤, 잠자리에 들 려는데, 남자친구가 내게 말했다. "자기, 다른 사람 키를 가 지고 놀리면 안 돼."

당황스러웠다. 나는 그냥 알렉스와 농담을 주고받았다고 생각했지, 알렉스를 놀린다고 생각하지 않았다.

남자친구가 말을 이었다. "항상 자신감 넘치는 사람으로 보일지 몰라도 그건 여전히 남자의 자존심을 건드리는 거 야."

그제야 나는 이게 알렉스 얘기가 아니라는 걸 깨달았다. 남자친구가 자신의 작은 키를 신경 쓰고 있다는 걸 티 낸 건 그때가 처음이었다. 우리가 사귀기 시작했을 때 나는 하이 힐을 몽땅 창고에 집어넣었다. 그가 부탁해서가 아니라 내 가 더 크면 덜 여성스럽게 느껴지기 때문이었다.

남자친구는 키가 크면 저절로 자신감이 생긴다고 생각했다. 다른 남자의 안타까운 상황을 이야기할 때면 마지막에 "그래도 그 사람은 키가 크잖아"라는 식의 말을 덧붙였다. 그러나 남자와 달리 여자의 큰 키는 특권이 아니다. 모델이라면 얘기가 다르지만.

키가 195센티미터인 내 아들도 평생 사람들에게 키 얘기를 어찌나 많이 들었는지 언제든 받아칠 멘트를 준비해 다닌다. 그중에 몇 가지는 193센티미터인 제 아버지에게 빌린 것들이다. 누군가 아들에게 "농구 선수예요?"라고 묻는다면, 아들은 "그쪽은 미니 골프 선수예요?"라고 받아칠 것이다. 사람들은 키 큰 남자를 놀리더라도 그의 본질인 남성성을 의심하지는 않는다. 그러나 키 큰 여자를 놀릴 땐 정반대다. 여자는 키가 크면, 저도 모르게 남성의 영역에 발을 들여놓게 된다.

학교 다닐 때 보면, 키 작은 남자애들이 공부를 열심히 하거나 유머 감각을 기르거나 운동을 열심히 해서 자신감을 키우는 경우가 많았다. 여기서 방점은 '키우는'에 찍힌다. 반면 키 큰 여자애들은 모든 면에서 자신을 낮추며 깎아내려야 한다.

열다섯 살에 패션모델이 되었을 때 내 키는 직업적 자산이었다. 그래서 일할 때만큼은 꼿꼿하게 서 있을 수 있었다. 그러나 촬영장을 나서면 습관대로 여전히 구부정한 자세로 다녔다. 선배 모델이었던 에바Eva를 만나고 나서야 다른 관점을 갖게 되었다. 에바는 스웨덴 출신의 아마존 여전사 같은 사람으로, 키가 183센티미터였다. 에바는 나보다 여섯 살 많은 데다가 업계에서 이미 확고하게 자리 잡은 터였다. 나는 선배를 볼 때마다 참 멋있다고 생각했다. 선배는 일을 마치면 화장기 없는 얼굴에 빈티지 데님, 검은색 하이힐 부츠, 검은색 바이커 재킷 차림으로 길을 나섰다. 그러고는 큰 키를 횃불처럼 당당하게 드러내고 걸었다. 선배 옆에 서 있으면 내가 작게 느껴졌다. 다른 여자들이 느낄 법한 기분이었다. 내가 상상했던 '정상'이라는 느낌.

그런데 예기치 못한 깨달음이 뒤따랐다. 선배 옆에 있으면 '정상'이 된 기분과 더불어 내 힘이 약해진 것 같은 느낌이 들었다. 선배의 그림자 속에서 내 힘을 잊었던 것이다. 작은 사람이 되어보고 나서야 키가 지닌 힘을 이해하게 되었다. 키 큰 여성은 강한 여성이었다. 그리고 오로지 배짱 있는 남성만이 그들에게 다가갈 수 있었다.

여자의 키가 남자보다 더 큰 커플의 사진을 볼 때면 우리는 무의식적으로 그들 관계의 공을 남자에게 돌린다. 남자가 자신감이 넘치는 사람인가 보다, 잠자리에서 끝내주는 사람인가 보다, 남자가 권력이 있거나 부유하거나 유명한가 보다 하고 여긴다. 키 큰 여자의 자신감을 높이 평가하는 목소리는 없다.

"나 때문에 낮추지 마요." 이는 분명 자신감 넘치는 남자의 말이다. 그는 상대에게 공간을 마음껏 사용하라고 허용하는 사람이기도 하지만, 상대가 키를 낮추는 게 본인 때문이라고 생각하는 사람이기도 하다.

릭과 이별한 뒤 처음 사귀었던 남자친구와 헤어지고 나서, 그에게 내가 여자친구로서 부담스러웠던 적이 있느냐고 물었다. 그는 "말해 뭐해, 당연하지"라고 대답했다. 그는 내 장점을 잔뜩 열거하고는 마지막에 "키도 크잖아"라고 덧붙였다. 그가 내 장점에 키를 언급하니 내 큰 키가 꽤 근사하게 느껴졌다.

나는 창고에 넣어뒀던 하이힐을 도로 꺼냈다.

열두 번째 생일 선물로 '미스터 스팍Mr. Spock(「스타 트렉」 시리즈에 등장하는 볼칸-인간 혼혈 캐릭터로, 논리와 이성을 중시하는 과학 책임자—옮긴이)' 인형을 사달라고 했다. 「스타 트렉」은 내가 가장 좋아하는 텔레비전 프로그램이었고, 그걸 보면서 나는 '미스터 스팍'에 푹 빠졌었다. 엄마는 내 소원대로 '미스터 스팍' 인형을 사주면서 '캡틴 커크Captain Kirk(「스타 트렉」에서 우주 탐험을 이끄는 주인공—옮긴이)' 인형도 사주었다. 나는 무척 신이 났다. 내 바비 인형들에게 마침내 제대로 된 남자친구가 생기는 순간이었다. 그러나 포장을 풀고 바비 인형들에게 남자친구들을 소개하려고 하자, 어딘가 이상했다. '미스터 스팍'과 '캡틴 커크'가 바비 인형들의 가슴께밖에 오지 않는 탓이었다. 이런 모습으로 시내에 데이트하러 나간다면 무지 어색할 터였다. 그러나 이들 인형을 침대에 나란히 눕히고 이불을 덮자, 키 차이는 더 이상 문제 될 게 없어 보였다. 그리고 오십 대가 된 지금, 그간의 경험을 미루어보면 당시의 내 생각이 틀리지 않았다. 잠자리에서는 키 차이라는 게 존재하지 않는다.

그렇다면 할리우드 배우 옆에 설 때 나는 어째서 허리를 구부렸을까? 정말로 내가 좋아서 그렇게 했던 걸까?

글쎄, 그 사람을 생각해서 했던 행동은 확실히 아니다. 그러나 내가 나를 낮추려고 했던 건 맞다. 우리 사회는 '여성적'으로 보이려면 키가 작아야 한다고 말한다. 그리고 키 외에 다른 면에서도 자신을 낮추라고 한다. 그러나 덜 부유한 척, 덜 똑똑한 척, 덜 성공한 척, 덜 강한 척하는 것은 사진에 드러나지 않는다.

나보다 키 작은 남자친구와 사귄 지 얼마 안 되었을 때는 키스할 때 허리를 숙여야 한다는 점이 거슬렸다. 나보다 훨씬 큰 남자와 거의 평생을 함께 보내며 스칼렛 오하라Scarlett O'Hara(영화 「바람과 함께 사라지다」에서 스칼렛 오하라 역할을 맡았던 배우 비비안 리Vivien Leigh의 키는 161센티미터로 알려져 있다.—옮긴이)로 살았는데, 이제는 '슈렉Shrek'이 된 것만 같았다. 그렇지만 그가 덜 섹시해 보인 건 아니었다. 오히려 내 자신이 덜 섹시하다고 느꼈다. 그러나 그 새로운 키스 방식에 익숙해지는 데는 한 달밖에 걸리지 않았다. 아름답고 열정적인 키스를 나누기 위해 몸을 굽혔을 때, 나는 괴물이 아니라 상대방을 향해 믿음과 헌신의 제스처를 취하는 부드러운 수양버들이 되는 셈이었다. 나는 키가 크고 강할뿐더러 상황에 유연하기도 했다. 그 유연함에 여성미가 충분하므로 키 따위는 문제 되지 않았다. 아니, 오히려 찬양할 만한 것이었다.

마법 같은 돈

　엄마는 제정신이 아니었다. 어느 날, 새로 이사한 아파트 식탁에서 엄마가 중대 발표를 하듯 말했다. 정신을 차리기 위해 2주 동안 이탈리아에 다녀와야겠다고. "네 아빠가 돌봐줄 거야." 엄마가 가방을 꾸리며 말했다.

　아빠가 주말보다 더 길게 우리를 봐준 적이 없었기 때문에 약간 불안했다. 그때는 우리가 스웨덴에 온 지 겨우 석 달쯤 되었고, 아빠는 이미 집을 나간 상태였다. 아빠는 우리 집에서 차로 20분쯤 걸리는 동네에서 새 여자친구와 살고 있었다.

　겨우 아홉 살이었지만, 나는 엄마에게 휴가가 필요하다

는 걸 이해했다. 엄마는 허구한 날 울었고 우리를 엄청나게
혼냈다. 엄마가 떠나던 날 오후, 아빠가 집에 와서 한동안
내 옆에 앉아 있다가 내게 100크로나kronor(스웨덴의 화폐
단위―옮긴이)를 주었다. 20달러쯤 되는 돈이었다.

그날 이후 엄마가 돌아오는 날까지 아빠를 보지 못했다.
이제 와 돌이켜보면, 부모님 사이에 틀림없이 오해가 있었
던 것 같다. 그러나 나는 이탈리아로 간 어머니의 연락처를
몰랐고, 잘 알지도 못하는 사람인 아빠를 귀찮게 하고 싶지
도 않았기에 그냥 혼자 알아서 잘 있기로 마음먹었다. 그렇
게 나는 100크로나로 세 살짜리 동생과 함께 2주 동안 집안
살림을 꾸려나갔다.

다행스럽게도 동생은 잉가Inga라는 사랑스러운 여인이
운영하는 가정 어린이집에 다녔다. 잉가는 내 동생 말고도
유아 셋을 함께 돌봤다. 내가 해야 할 일은 동생에게 아침밥
먹이기, 등교 전에 잉가의 아파트로 동생 데려다주기, 다섯
시에 동생 데리러 가기, 저녁밥 먹이기, 잘 준비 해주기, 재
우기가 다였다. 그런 다음에 나는 조금도 이해할 수 없는 스
웨덴어로 된 학교 숙제를 했다. 100크로나로는 아래층 슈퍼
마켓에서 흰 빵, 크림치즈, 달걀, 두루마리 휴지를 샀다. 빵

에 치즈를 발라 아침으로 먹었고, 저녁에는 팬케이크를 만들었다. 그리고 일주일이 지나자 음식이 떨어졌다. 먹을거리를 구할 방법은 하나밖에 떠오르지 않았다.

스웨덴의 5월은 꽤 쌀쌀해서 바람막이를 입어도 사람들이 이상하게 보지 않았다. 학교를 마치고 집에 온 나는 바람막이를 걸치고 지퍼를 목 끝까지 올린 뒤, 아래층의 작고 컴컴한 슈퍼마켓으로 내려갔다. 이웃에 사는 노인이 통조림 수프를 고르고 있었고, 계산대 점원은 지루한 듯 잡지를 읽고 있었다. 나는 냉장 코너로 걸어갔다. 우유 한 통은 부피도 너무 크고 무거웠다. 지난주에 생활비를 최대한 알뜰하게 쓰려고 고심 끝에 골랐던 발라먹는 치즈라면 퍽 수월하게 숨길 수 있을 것 같았다. 나는 치즈를 집어 들고서, 주변에 보는 사람이 없는지 확인한 뒤 성분 표시를 읽는 척하다가 외투 안에 슬그머니 넣었다. 넣자마자 형광색 페인트로 쓴 '도둑, 범죄자'라는 글씨를 뒤집어쓴 것 같았다. 심장이 마구 쿵쾅거려서 숨을 고르기가 힘들었다. 애써 베이커리 코너로 걸어가 뭘 고를지 고민하는 척하면서 장바구니를 든 여자가 어서 빵을 골라 자리를 뜨기를 기다렸다. 여자가 가자마자, 나는 눈앞에 보이는 흰 식빵을 집어서 또 바람막이 속에 넣었다. 다행히 내 바람막이는 풍선처럼 품이 넉넉했고 엉덩이 부분에 고무줄이 있어서 그 두 가지를 숨길 만했다. 주머니에 손을 넣으면 더더욱 티가 나지 않았다. 나는 주머니에 손을 찔러 넣은 채로 빵을 납작하게 누르면서 최대한 자연스럽게 출입문으로 나가려고 했다. 그때 점원이 고개를 들어 나를 쳐다보았고, 그 순간 이대로 그냥 나가버리면 안 된다는 걸 깨달았다. 큼직한 바람막이를 입고 들어와 아무것도 사지 않은 채 나가버리는 아이는 너무 수상해 보일 터였다. 나는 계산대로 다가가 눈에 보이는 것 중 가장 저렴한 상품인 리글리Wrigley's(1891년 미국 시카고에서 설립된 껌 제조 회사―옮긴이) 껌 한 통을 집은 뒤, 주머니에서 동전을 꺼냈다. 티셔츠 겨드랑이 부분이 식은땀으로 축축이 젖어가는 게 느껴졌다. 차마 점원의 눈을 쳐다볼 수 없었다.

내 도둑질이 들통날 거라고 확신했다. 점원이 나를 붙잡고 바람막이 지퍼를 내리는 순간, 내가 알던 내 세상은 끝장날 터였다. 현행범으로 잡히면, 도둑질하지 않았다고 부인할 수도 없을 것이었다. 점원이 동전을 세는 동안 내 머릿속에는 경찰차로 연행되면서 다섯 시에 누가 동생을 데리러 갈지 걱정하는 내 모습, 뜨거운 조명 아래서 차갑게 식은 블랙커피 한잔을 권하는 경찰과 마주 앉아 조사를 받는 내 모습이 그려졌다.

그러나 점원은 내가 건넨 동전을 받았고 나는 가게를 나섰다. 자유를 향하여. 빗물 섞인 공기를 크게 들이마셨다. 우리 집 현관까지 몇 달음에 달려가고 싶은 충동을 억누르려고 애썼다. 그때 멀리서 경찰차 사이렌이 울렸다. 이제 정말 끝이었다. 저들이 나를 잡으러 오고 있었다. 나는 부리나케 아파트 건물 유리문을 열고 성큼성큼 계단을 뛰어 올라갔다. 집으로 뛰어 들어간 뒤, 식빵과 치즈를 겨자색 인조 가죽 소파 쿠션 밑에 숨기고는 부엌 식탁에 앉아 부들부들 떨었다. 사이렌 소리가 사그라든 뒤에도 한동안 몸이 떨렸다. 나는 죄를 저질렀지만 아무런 처벌도 받지 않았다. 그러나 그날 이후 30년이 지나도록, 경찰차 사이렌이 들릴 때마다 심장이 쿵 내려앉았다. 그럴 때면 나는 경찰이 나를 잡으러 오고 있다고 아주 잠시나마 그렇게 생각했다. 물론 빵과 치즈를 훔친 도둑을 잡으러 온다고 생각한 건 아니다. 내가 사실은 나쁜 사람이라는, 범죄자라는 생각을 했다. 사이렌은 내가 이곳에 어울리지 않는 사람이라는 걸, 쫓겨나야 할 사람이라는 걸 상기시켰다. 그동안 어찌저찌 모면하며 살아

왔을 뿐이었다. 사실은 좀도둑인 주제에 슈퍼모델이라고 온
세상을 속이며 살았던 것이다.

  이듬해 열 살이 된 나는, 스웨덴 신문 〈크벨스 포스텐
Kvälls posten〉을 판매하는 일로 돈을 벌기 시작했다. 매일
우리 집 현관문 앞에 신문 한 더미가 놓였고, 나는 방과 후
에 그 신문을 들고 내가 살던 공영주택 단지를 집집이 찾아
다니며 팔았다. 한쪽 어깨에 둘러멜 수 있는 사첼백에 신문
을 최대한 가득 채워 넣은 뒤, 집집마다 초인종을 누르거나
문을 두드렸다. 문이 열리면 문틈으로 다른 사람의 인생이
살짝 보였다. 스웨덴 사람들의 삶이었다. 네모반듯하고 단
순한 이케아IKEA 가구로 채워진 간소한 집 안에서는 서머
소시지summer sausage(조리 후 냉장 보관하여 차갑게 먹는 소
시지—옮긴이)와 링곤베리lingonberries(주로 잼이나 소스 등을
만들어 먹는 붉은색 열매—옮긴이) 냄새가 풍겼다.
  내가 자란 체코슬로바키아의 집과는 전혀 다른 모습이었
다. 체코에서는 집집이 창문에 레이스 커튼이 달려 있고, 이
리저리 긁히고 오래된 가구가 놓여 있었다. 복도에서는 늘
삶은 양배추, 구운 돼지고기, 가구 광택제 냄새가 났다. 신

문을 사는 손님 중에는 외로워 보이는 사람도 있었다. 그런 사람들 너머로 보이는 집 안은 어두컴컴하고 슬펐다. 그들은 신문값을 치르기 전 짧게나마 내게 말을 걸곤 했다. 물론 다짜고짜 돈을 주고는 문을 쾅 닫는 사람들도 있었다. 나는 네 살짜리 동생을 데리고 다니면 장사가 더 잘된다는 걸 알게 되었다. 나는 현관문을 두드리고 동생의 손에 신문을 꽂아준 뒤, 그를 앞으로 밀었다.

"크벨스 포스텐이요!" 동생은 떨리는 아기 목소리로 아주 진지하게 말했다. 이 목소리를 들으면 대부분 거절하지 못했다. 혹여 누군가 거절하면 동생은 울음을 터뜨렸고, 그러면 거래는 성사되었다.

그렇게 해도 일주일에 버는 돈은 30크로나, 그러니까 5달러도 안 되었다. 하지만 동네 아이들이 다니는 사탕 가게에 가서 군것질하기에는 충분했다. 1년 뒤, 동생이 같이 다니기를 거부하면서 매출은 뚝 떨어졌고, 나는 결국 신문팔이를 그만뒀다. 그 대신 위층에 사는 여자의 아기를 돌보는 일을 구했다. 베이비시팅을 하러 갔던 첫날, 아이 엄마는 내가 그동안 동생을 돌보는 걸 지켜봤다며 나를 전적으로 신뢰한다고 말했다. 그러고는 6개월 된 아기를 저녁 내내 내게 맡겼다. 아기 엄마는 아기에게 우유를 먹인 뒤 이를 닦아 주라고 당부했다. 아기 칫솔에 치약을 발라 입속에 넣을 때까지만 해도 모든 게 순조로웠다. 그런데 칫솔을 넣자마자 모든 게 엉망이 되었다. 아기가 멈추지 않고 비명을 질렀다. 나는 아기를 품에 안고서 단짝 친구 말린Malin이 사는 옆집으로 뛰어갔고, 말린의 엄마는 아기가 박하 향이 나는 화한 치약 맛에 익숙하지 않아 그렇다고 설명하면서 울고 있는 분홍빛 입을 물로 씻어내주었다. 다행히 이 상황을 아기 엄마는 전혀 눈치채지 못했다. 그날 이후, 나는 두 번 다시 아기의 이를 닦지 않았다.

열세 살이 되면서 나는 유행하는 청바지와 립글로스를 살 돈이 없어서 다른 애들처럼 '평범'하지 못한 거라고 확신했다. 그때까지 나는 엄마가 중고 매장에서 사다주는 옷을 입었다. 주로 내 다리에 턱없이 짧은 나팔바지와 1960년대 말에서 70년대에 주름잡았던 보헤미안 스웨터와 블라우스였다(80년대 초반에 유행하던 꽉 끼는 청바지, 크롭 티셔츠에 비하면 비극적으로 시대에 뒤떨어졌다).

학교에서 가장 못된 여자애였던 아네카Aneka와 내가 속으로 '험프티 덤프티Humpty and Dumpty(영국의 전통 동요에 등장하는 달걀 모양 캐릭터—옮긴이)'라고 흉봤던 두 졸개에게 내가 괴롭힘을 당한 것도 그 복장 때문이라고 확신했다. 아네카는 옷을 예쁘게 입고 다녔다. 늘 달라붙는 페그 청바지 pegged jeans(발목으로 갈수록 통이 좁아지는 바지—옮긴이)에 반소매 티셔츠를 입었고, 티셔츠 밑단을 허리춤에 묶고 다녔다. 머리카락은 날개 모양으로 둥글게 말고, 하늘색 반짝이 아이펜슬로 눈두덩에 라인을 그렸다. 한 명은 갈색, 한 명은 금발 머리인 험프티와 덤프티는 항상 불편해 보일 정도로 꽉 끼는 데님을 쌍으로 맞춰 입고 다녔다. 이들은 복도에서 나를 지나칠 때마다 "더러운 빨갱이!"라고 소리쳤다.

복도에서 이들을 마주칠까 봐 전전긍긍하던 나는 내 비정상적으로 큰 키와 헌 옷을 입는 내 신세를 한탄했다. 내가 남들과 달라 보이는 건 분명 옷 때문이라고 생각했다. 키를 바꿀 수는 없지만, 옷을 바꿔 입는 건 가능했다. 그러나 돈이 있어야만 할 수 있는 일이었다.

8학년 마지막 달에 나는 중년 여성의 원피스를 판매하는 옷가게에서 아르바이트를 시작했다. 나비넥타이에 차분한 색상의 옷들이라니. 촌스러워 보였다. 열네 살이었던 나는 서른 살이 넘은 사람을 보면 그게 누구든 '나이 들어' 보인다고 생각했다. 어쩌다 한 할머니 손님에게 나 혼자서 원피스 한 벌을 판매했는데, 그분이 다른 점원들에게 내가 아주 멋있다며 내 열정 때문에 원피스를 구매하는 거라고 날 추켜세웠다. 지루한 일인 데다가 매장에 파리 날리는 시간이 대부분이었지만, 직장 동료 그러니까 '나이 든' 여자 둘은 다정했다.

9학년 학기 첫날, 나는 여름 내내 계획했던 옷을 차려입고 부푼 마음으로 학교에 갔다. 새로 산 달라붙는 스톤워시 청바지와 가슴에 체리가 그려진 노란 티셔츠를 입고 검은색 컨버스 스니커즈를 신었다. 여름 동안 피부를 햇볕에 살짝 그을렸고, 머리도 도로시 해밀Dorothy Hamill(1976년 인스부르크 동계올림픽에서 금메달을 딴 미국의 피겨 스케이팅 선수. 당시 여성들 사이에서 해밀의 단발 헤어스타일이 크게 유행했다.—옮긴이) 스타일로 잘랐다. 유행대로 머리를 옆으로 넘겨 빗고, 파란색 아이라인을 그리고, 본 벨Bonne Bell(1927년 미국에서 설립된 화장품 브랜드로, 젊은 여성과 청소년을 대상으로 한 뷰티 제품이 유명하다.—옮긴이)에서 나온 딸기빛깔 립글로스를 발랐다. 그야말로 '평범'해질 준비가 완벽히 된 셈이었다.

　새뜻한 기분으로 학교 복도를 걸었다. 반 친구들을 마주칠 때마다 머리카락을 귀 뒤로 넘기며 눈을 맞추고 입꼬리를 올렸다. 그러나 그들은 달라진 내 모습에 놀라기는커녕 무표정했다. 내가 보낸 미소에 화답하는 이는 아무도 없었다. 나는 여전히 투명인간 같은 존재였다. 새로운 사물함으로 가서 교과서를 채워 넣고, 지리학 수업에 필요한 책을 챙겨 교실로 향했다. 그렇게 공들였는데도 나는 여전히 하찮은 존재, 바람결에 흩어지는 방귀 같은 존재였다. 갑자기 새 옷이 뻣뻣하고 답답하게 느껴졌다. 다들 평상복 차림으로 참석한 파티에 나 혼자 코스튬을 입고 온 듯한 기분이 들었다. 투명인간을 넘어서서 한심한 인간이 된 것 같았다.

　그러나 점심시간에 사물함으로 가다가 아네카와 그 졸개들을 마주쳤을 때, 마침내 내가 기대했던 반응을 얻었다. 그들은 눈을 크게 뜨고 입도 살짝 벌렸다.

　"아, 깜짝이야. 이게 누구래?"

　나는 만족스러워 활짝 웃으며 사물함에서 책을 꺼냈다. 그러고는 위층 교실로 올라가기 전에 아래층 화장실에 들렀다. 아래층 화장실은 언제나처럼 한산했다. 그래서 난 늘 그곳을 이용했다. 볼일을 보고 물을 내리는데 화장실 출입문 열리는 소리, 뒤미처 누군가 안으로 들어오는 발소리가 났다. 나는 변기 칸의 문을 열고 나가 세면대로 갔다. 아네카와 졸개들이 그곳에서 나를 기다리고 있었다.

"음, 안녕." 아네카가 말했다.

나는 아네카를 보며 웃었다. 내 변신이 효과가 있는 듯했다. "어, 안녕."

"보기 좋네."

그 말에 고맙다는 인사를 건네려는데, 아네카가 눈을 가늘게 뜨고 야유하듯 말했다. "창녀치고는."

나는 순간 혼란에 빠져 그게 칭찬으로 받아들일 수도 있는 말인지 잠시 생각했다. 개중에는 화려함을 자랑하는 창녀도 있으니까. 그렇잖은가? 이를테면 파리의 코르티잔 courtesan(19세기 프랑스 파리에서 활동한 고급 기생—옮긴이)들처럼.

"너 샤워 좀 해야겠다, 이 창녀야." 아네카가 말했고, 험프티와 덤프티가 내 팔을 잡았다. 아, 칭찬이 아니었구나.

무슨 일이 일어나고 있는데 무슨 일인지 정확히 이해되

지 않았다. 그들은 나를 다시 변기 칸으로 밀어 넣고는 무릎을 꿇렸다.

"더러운 창녀." 아네카가 내 목덜미를 잡더니 내 머리통을 변기 속에 처박았다.

"더러운 창녀, 더러운 창녀, 더러운 창녀." 험프티와 덤프티는 그 말이 구호라도 되는 듯 이렇게 외쳤고, 그러는 사이 아네카가 변기 물을 내렸다.

찬물이 두피를 때리고 콧속으로 밀려 들어왔다. 숨을 쉴 수 없었다. 하릴없이 물을 삼켰다. 변기 물이라는 생각이 들자, 속이 메스꺼웠다. 그들의 손아귀 힘이 느슨해진 틈을 타 고개를 빼고 숨을 쉬었다. 기침이 나오고, 눈이 따끔거리고, 코가 시큰거렸다. 물줄기가 머리카락, 목, 새로 산 티셔츠를 따라 흘러내렸다. 나는 무릎을 꿇고 앉아 엉엉 울었다. 아네카와 졸개들이 문을 나서면서 깔깔거리는 소리가 들렸다.

어찌어찌 수업에 들어갔다. 지각이었고, 머리카락은 여전히 축축했다.

그 사건 이후로 나는 뭔가 잘못된 내 상태를 돈으로 해결할 수 없다는 걸 깨달았다. 나는 어떻게 해도 결함이 있었다. 문제가 있고, 나쁜 애였다.

돈은 나를 구해주지 않았다. 오히려 상황을 악화시킬 뿐이었다.

돈은 아주 현실적인 문제를 해결해준다.

돈이 있으면 굶주림을 피할 수 있다. 돈이 있으면 음식을 훔치지 않아도 된다. 돈이 있으면 음식을 훔치다 체포될 일도 없다.

빵과 치즈를 훔쳤던 날과 9학년 새학기 첫날. 그 사이 어느 때인가 나는 돈을 마법처럼 바라보기 시작했던 것 같다. 돈이 내 모든 고통을 없애줄 거라고 믿었다. 돈이 모든 문제의 해결책이라고 생각했다. 그리고 돈은 벌 수 있는 것이었다. 키가 30센티미터 작아지길 기도하는 것과는 달랐다. 내가 열심히 일하면, 고통에서 벗어날 수 있을 만큼의 돈을 벌 수 있었다. 나를 고쳐줄 물건들을 살 수 있었다. 빵과 치즈, 팬케이크 가루, 딱 붙는 청바지, 크롭 티셔츠, 인정, 사랑 등 내가 간절히 원했던 것들을 살 수 있었다.

돈의 마법을 향한 내 믿음 중에서도 가장 좋았던 건 그것이 가져다주는 희망이었다. 나는 다른 애들처럼 평범해질 수 있는 가능성을 맛보았다. 그리 멀게 느껴지지도 않았다.

옷가게에서 일했던 그 여름 동안 나는 돈을 모으면서 그 돈으로 나를 구원할 새 옷을 살 수 있다는 사실에 들떠 있었다. 9학년 새학기 첫날 나를 가장 고통스럽게 한 건, 괴롭힘도 굴욕도 아니었다. 희망이 사라진 것이었다. 돈은 무엇이든 이룰 수 있는 마법이라던 내 믿음이 산산조각난 것이었다.

아름다움의 책임

이제는 '잇걸*it girl*'이 아니니까 시스템을 불평하기
쉽겠죠. 그렇지만 당신도 수십 년 동안 거리낌 없이
소녀들에게 그들이 못생기고 무가치한 존재라는 인식을
심어주면서 수백만 달러를 벌고 인기를 즐겼잖아요.
그래 놓고 이제 와서 자아상이 얼마나 쉽게 무너지는지
깨달았다고요??? '잡지 속 미인'이 아니면 가치 없다고
느끼게 만드는 시스템을 이용할 땐 언제고, 이제는 그
시스템 때문에 당신이 그런 기분을 느끼고 있다고 울고
있군요. 정말 위선적이네요.

얼마 전 내 인스타그램 게시물에 달린 댓글이다. 모델이 된 이후로 이런 식의 말을 들은 게 한두 번이 아니다. 스무 살 때 에스티로더Estée Lauder와 계약하고 얼마 안 되었을 때, 한 기자가 나를 인터뷰하면서 아름다움에 어떤 책임이 따른다고 생각하는지 물었다. 나는 당황해 어쩔 줄 몰랐다.

그러자 그 기자는 노트패드에 펜을 두드리며 자신의 질문을 더욱 명확하게 설명했다. "그러니까 예를 들어서 제안이 들어온다면 모피 광고를 찍겠어요? 아니면, 블러드 다이아몬드(분쟁 지역에서 채굴되어 불법으로 거래되는 다이아몬드— 옮긴이)는요?"

듣고 있기가 거북했다. 아름다움에 책임이 따르는 게 당연하다는 듯한, 아름다움이란 도덕적으로 선하게 사용돼야 할 재능이라고 단정 짓는 듯한 말투였다. 그렇지만 과연 아름답다는 게 도덕적으로 더 큰 책임이 있다는 의미일까? 그런 논리라면, 덜 아름다운 사람은 덕행을 행할 책임이 덜한 걸까?

그러나 내가 느끼는 거북함은 사실 부끄러움이었다. 나는 열다섯 살에 모델이 되었고, 내가 큰돈을 벌 수 있었던 건 사람들이 나를 보고 아름답다고 생각한 덕분이었다. 그리고 나는 건방지고 재수 없는 애이기도 했다. 큰돈과 자유, 멋지게 보이는 능력과 마네킹 사이즈의 옷이 들어가는 몸매에 아낌없는 칭찬을 받는 십 대 여자애는 도덕적 책임에 대해 깊이 생각할 겨를이 없다.

그런데도 그 기자의 질문은 이후 30년 넘는 세월 동안 내 머릿속을 떠나질 않았다. 아름다움에 따르는 책임이란 무엇일까? 아름다움이라는 선물을 받은 사람에게는 어떤 책임이 따를까? 그 아름다움을 이용해서 세상에 좋은 일을 하는 것? 18세기 스트라디바리우스 바이올린을 모시듯, 자신의 아름다움을 귀히 여기며 유지하도록 노력하는 것? 의문은 같은 자리에서 나를 괴롭혔다. 나는 답을 몰랐지만 계속 고민했다.

예술 작품을 구매할 때 우리는 그것이 그대로 유지되기를 바란다. 이를테면, 반 고흐Van Gogh의 「해바라기Sun-flowers」를 샀는데 다음 날 그게 '튤립'으로 변한 걸 보고 싶어 하는 사람은 없다. 우리는 예술 작품에 담긴 아름다움을 고스란히 보존하고 싶어 한다. 박물관, 미술관, 예술 애호가들은 예술 작품이 변하지 않도록 완벽한 조명, 온도, 습도를 갖춘 환경을 조성하는 데 엄청난 자원을 투자한다. 그렇다면 아름다움에 대한 책임은 자기 보존이 전부인 걸까?

물론 모델로서 내 책무는 변치 않는 모습을 유지하는 것, 이상적인 여성의 표본이 되는 것이었다. 나는 완벽한 캔버스가 되어야 했다. 잡티와 같은 결점, 충혈된 눈, 흉터, 과도한 체중, 나지 말아야 할 곳에 자란 털 같은 흠결은 당연히 없어야 했다. 이런 것들은 바로잡아야 할 결점이었다. 탄력 없이 처진 피부와 주름처럼 말이다. 그러니까 내 책임, 즉 아름다움에 대한 책임은 실제 주류 사회가 정한 미의 기준을 지키기 위해 그저 내 아름다움을 유지하는 것이었다.

아름다움이 개인의 성취도 잘못도 아니라는 걸 사람들도 아는 것 같다. 아름다움은 선물이다. 일반적으로 우리는 선물이나 진귀한 재능을 받았다면 이를 잘 활용해야 한다고 생각한다. 그래서 신체적, 예술적 능력을 타고난 사람들이 유명한 운동선수나 예술가가 되었을 때 이를 당연하게 여기고, 영리한 아이에게는 열심히 공부하여 재능을 발휘해 세상에 쓰임 받는 사람이 되라고 격려한다. 재능을 발달시키는 건 그들의 책임이며, 재능 낭비는 잠재력 낭비로 보는 것이다.

그런데 타고난 재능이 아름다움인 경우에는 얘기가 달라진다. 이를 발달시키는 것을 허영과 자기애로 보고, 아름다움을 유지하려는 노력조차 부끄러운 일로 취급한다. 운동에서는 거의 영웅적인 일로 추앙하면서 말이다. 나이 들고도 운동 능력을 유지하기 위해 꾸준히 노력하며 젊은 선수와 경쟁하는 선수에게는 박수를 보내면서, 아름다움을 유지하기 위해 애쓰며 젊은 모델들과 경쟁하는 나이 든 모델에게는 추하다고 손가락질을 한다.

　　게다가 우리는 아름다운 동시에 지적일 수는 없다는 메시지를 접하게 된다. 그러니까 진지하게 지적인 사람으로 보이고 싶다면 자신의 아름다움을 경시해야 한다는 것이다. 파리로 떠나기 직전까지 나는 나 자신을 못생겼지만 똑똑한 애라고 생각했다. 하지만 모델 일을 시작하면서, 나는 졸지에 아름답고 멍청한 애가 되었다. 내가 아빠에게 전화를 걸어 파리에 남아 전업 모델로 활동할 거라는 소식을 전했을 때 아빠의 대답은 이랬다. "이런, 이제 순 멍청이가 되겠구나." 파리에 도착했을 때 나는 한 대학의 권장 도서 목록을 받았고, 영문학과 커리큘럼에 나열된 모든 책을 읽기로 마음먹었다. 그건 좋아서도, 그리고 싶어서도 아니었다. 단지 내가 똑똑하다는 걸 사람들에게 보여주고 싶어서였다.

아름다움은 재능으로 비칠 수도 있지만, 그렇게 말하기엔 모호하고 모순적인 점이 있다. 아름다움은 주관적이기 때문이다. 내 눈에 아름다운 것과 남의 눈에 아름다운 것은 다를 수 있다. 미의 기준도 달라진다. 지난 수십 년을 돌아보기만 해도 그렇다. 1980년대에는 육감적인 몸매가, 90년대에는 몹시 마른 체형이, 2000년대는 곡선미가 미인의 조건이었다.

아름다운 여자로 보이기 위해서는, 적절한 시기에 적절한 장소에서 적절한 특징을 지녀야 한다. 내가 한 세기 일찍 태어났더라면, 말도 안 되게 큰 키에, 창백한 피부, 각진 몸매를 지닌 나는 결혼 가능성이 거의 없는 여자가 되었을 것이다. 반 고흐도 자기 작품을 거의 팔지 못한 채 빈손으로 세상을 떠나지 않았는가.

나는 육체적 아름다움이 얼마나 덧없고 가변적인지 일찍부터 어렴풋이나마 깨달았다. 못생겼다는 소리를 듣고 사는 게 어떤 기분인지 알았으니 말이다. 학창 시절에 나는 금발 미녀들에게 무자비한 따돌림을 당했다. 그러다가 모델 일을 하러 파리로 가니 스웨덴에서는 결점으로 여겨지던 내 특징들이 칭송의 대상이 되었다. 거울을 빤히 쳐다보았다. 거울 속엔 한 나라에서는 못생겼다고 하는 얼굴, 다른 나라에서는 매력적이라고 부르는 얼굴이 있었다. 그러나 나는 변한 게 없었다. 그러자 이건 내 문제가 아니라, 보는 사람의 문제일지도 모른다는 생각이 들기 시작했다.

언젠가 글쓰기 워크숍에서 아름다운 대상 하나에 대해 두 문단으로 글을 쓰되, 한 단락은 갓 사랑에 빠진 사람의 관점에서, 한 단락은 실연의 아픔에 젖은 사람의 관점에서 써달라는 요청을 받았다. 나는 장미를 글감으로 골랐다. 사랑에 빠진 사람에게 장미란 마법처럼 취하게 하는 것이다. 나는 온갖 사랑스러운 디테일을 적어 내려갔다. 꽃잎에 맺힌 이슬, 회오리치며 피어나는 석양빛, 연인이 사랑을 고백하며 한 송이를 선물했던 그 순간으로 시간을 되돌리는 달콤한 향기까지. 내가 느끼는 모든 희망의 감정을 장미에 불어넣었고, 그렇게 장미는 세상에서 가장 아름다운 것이 되었다. 그러나 실연한 사람의 관점을 취하자, 나를 아프게 하려고 뾰족하게 튀어나온 가시들이 눈에 들어왔다. 아름답게 피어난 꽃은 나를 모욕하는 듯했고, 내가 잃어버린 모든 것을 떠올리게 했다. 변한 건 장미가 아니었다. 변한 건 장미를 바라보는 내 관점이었다.

　40년 넘게 모델로 활동하는 동안 나는 수치심에 시달렸다. 누군가는 광고에 실린 내 사진을 보며 나처럼 생기지 않은 자기 모습에 수치심을 느꼈을지 모르지만, 나는 슈퍼모델 엘 맥퍼슨Elle Macpherson의 몸매, 신디 크로퍼드Cindy Crawford의 가슴, 크리스티 브링클리Christie Brinkley의 치아를 갖지 못했다는 사실이 수치스러웠다. 신체적 완벽함이라는 기준을 충족할 수 있는 사람은 아무도 없다. 나는 그저 조용히 다른 모델들을 부러워하면서 내게도 뛰어난 나만의 자질이 있다고 믿었다. 나는 똑똑했고, 피아노를 칠 줄 알았고, 그림을 잘 그렸고, 그들보다 훨씬 더 많은 책을 읽었을 터였다. 마음속으로 다른 여자들을 깎아내리며 내가 그들보다 잘나진 않았더라도 모자라진 않다고 느꼈다. 다른 여자로 인해 수치심을 느끼고는, 돌아서서 또 다른 여자들에게 수치심을 주었던 것이다.

　경험상, 여자에게 가장 가혹한 잣대를 들이미는 존재는 다른 여자들이다. 우리 여자들은 모두 같은 배를 타고서 같은 방향으로 나아가길 원하면서도, 힘을 합치려고 하기는커녕 서로를 배에서 떨어뜨리려고 한다.

우리가 서로를 끌어내리는 데 온 정신이 팔려 있을 때 그 경주에서 우승하는 사람은 누구일까? 우리가 너무 뚱뚱하고 털이 많고 피부색이 너무 어둡고 나이가 너무 많다고 불안감을 느낄 때 이득을 보는 사람은 누구인가? 그런 문제들을 말끔히 '해결해준다'는 제품을 판매하는 기업들이다. 나 역시 그 시스템에 일조했다. 내가 받은 선물을 받아들이고 활용함으로써 말이다.

아름답다는 건 특권이다. 아름다움에는 부인할 수 없는 힘이 있다. 일반적으로 세상은 아름다움에 조금 더 긍정적으로 반응한다. 기회의 문이 조금 더 빠르게, 조금 더 넓게 열리기도 한다. 아름다움을 가꾸고 유지하기로 선택하는 것, 이를테면 얼굴에 화장품을 바르거나 머리를 염색하거나 유행하는 옷을 입는 것은 그러한 특권을 조금이라도 누려보기 위해서다. 그러나 우리에게 아름다워야 할 의무가 있는 건 아니다. 아름다움을 찬양하는 사회에 살고 있으니, 이런 선택은 자신에게 주는 선물이라 할 수 있겠다.

우리가 적절한 자질을 갖추고 적절한 시기와 장소에 태

어났다면, 주어진 선물에 우리가 책임질 필요는 없다. 그러나 이를 어떻게 사용할지에 대해서는 책임이 있다.

성숙한 여성이 된 지금의 나는 블러드 다이아몬드나 모피 광고에 나서겠다는 선택을 하지 않을 것이다. 누가 보아도 유능한 의사의 손길이 닿은 게 분명한 얼굴인데, 사춘기 이전의 피부로 돌려주는 크림이라며 화장품을 판매하려는 여자들을 보면 짜증이 난다. 나는 내가 무엇을 사용하고 무엇을 사용하지 않는지 내 인스타그램 계정에 솔직하게 다 털어놓는다. 내가 가진 특권을 책임감 있게 사용하고 싶어서다. 이제 나는 어린애도 아니고, '소녀'도 아니다. 성인 여성이다. 오래전에 받았던 그 질문에 대해 아주 오랫동안 생각할 수 있었다.

인스타그램 게시물에 댓글을 남겼던 사람에 관해 말하자면, 그는 단지 내가 아름답다는 이유로, 나 때문에 자기 외모가 부족해 보인다는 이유로, 내가 내게 주어진 특권을 사용한다는 이유로 나를 비난했다. 그러나 그 사람이 로션이나 립스틱, 잡지 한 권이라도 구매한 적이 있다면 그도 내게 그 특권을 부여하는 데 일조한 것이다. 이 시스템이 작동하는 방식이 이렇다. 수요가 있기에 지속 가능하다.

우리는 아름다운 것을 보면 잡아두려고 애쓴다. 노래로 만들어서, 캔버스에 담아서 또는 춤을 통해 아름다운 순간에 영생을 불어넣으려고 노력한다. 아름다움이 우리에게 주는 찰나의 기쁨을 붙잡아두기 위해 예술을 창조한다.

그러나 아무리 노력해도 아름다움을 붙잡아둘 수는 없다. 그런 면에서 아름다움은 사랑과 비슷하다. 아름다움은 물질이 아니라 감정이다. (명사로 지칭하는) 대상이 아니라 (형용사로 표현되는) 상태다. 아름다움은 우리의 반응에 책임이 없다. 아름다움에 대한 우리 반응은 우리 스스로가 책임져야 한다.

아름다움의 책임은 아름다움을 지닌 자가 아니라 그것을 바라보는 이에게 있다.

유명해진다는 것

토요일 이른 아침, 내 작은 원룸에 전화벨이 울려서 깜짝 놀랐다. 주말 아침에 내게 전화를 걸 사람은 없었다. 나는 (빨래방이 어디에 있는지 파악하는 즉시 세탁해야 할) 연분홍색 시트에서 빠져나와, 방 한쪽 구석에 놓인 베이지색 다이얼 식 전화기를 향해 사뿐사뿐 걸었다. 파리에 있던 내 원룸은 한쪽 벽에는 콘크리트 뒷마당이 내다보이는 길쭉한 창문이 줄지어 나 있고, 나머지 세 면은 짙은 파란색 패딩 천이 기묘하게 덧대어져 있었다. 집에 옵션으로 딸려 있던 갈색 코 듀로이 소파는 실내 분위기를 밝게 하는 데 전혀 도움이 되지 않았다. 나는 집을 구할 때 혼자 부동산을 찾았고, 중개인이 맨 처음 보여준 집을 계약했다. 열여섯이었던 내가 그들의 제안을 거절하고 다른 집을 보여달라고 해도 된다는 걸 알 리 없었다.

전화벨이 계속 울렸다. 에이전시는 주말이면 문을 닫았고, 친구들은 모두 지난밤 파티의 여파로 한창 자고 있을 시간이었다. 망설이며 수화기를 들었다. 반대편에서 들리는 목소리는 남자 같았고, 소리가 먼 것이 장거리 전화 같았다.

"여보세요. 조입니다."

나는 머릿속 롤로덱스 명함 파일을 다급히 훑었지만, 조라는 이름은 보이질 않았다. 내 침묵에 상대가 서둘러 말을 이었다. "아, 제가 누군지 모르실 겁니다."

내가 모르는 사람이었다. 모르는 사람이 어째서 내게 전화를 걸었는지 궁금해지기도 전에 그가 얼른 말을 이었다.

"〈스포츠 일러스트레이티드Sports Illustrated(1954년에 창간된 미국의 대표 스포츠 잡지—옮긴이)〉에서 봤는데, 정말 아름다우시더라고요. 곧 프롬prom이 있는데, 괜찮으시다면 혹시, 그러니까, 제 파트너로 함께 가주실 수 있을까요?"

당황스러웠다. 사진 한 장, 내 사진 한 장을 보고서 낯선 사람이 내 전화번호를 알아내 전화를 걸었다니.

내가 인기를 실감한 건 이때가 처음이었다.

"세상에! 저한테 물어봐주셔서 진짜 고마워요! 근데, 프롬이 뭐죠?"

그는 학기 말에 열리는 고등학교 댄스파티라고 설명해주었다.

"재밌겠네요! 좋아요!"

"저는 토페카 고등학교에 다녀요. 날짜는 5월 26일, 시간은 일곱 시예요. 파티는 강당에서 열리는데, 그전에 제가 저녁을 살게요. 어떤 음식을 좋아하시나요?"

"뭐든 다 좋아해요, 정말로."

"좋아요. 그럼, 햄버거 먹으러 가요. 햄버거 좋아하세요? 진짜 맛있는 햄버거집을 알고 있어요."

"그럼요, 햄버거 좋죠. 저는 뭘 입고 가야 해요? 다른 사람들은 프롬에 뭘 입고 가죠?"

"음, 여자들은 보통, 그러니까 화려하고 긴 드레스를 입어요. 러플이나 리본이 달린."

거의 40년이 지난 지금, 이 에세이를 쓰면서 나는 1983년 빈티지 프롬 드레스가 어떻게 생겼는지 기억을 더듬어보려고 구글에 검색해보았다. 자주색 태피터taffeta(실크나 인조

섬유로 제직한 평직물로, 드레스나 커튼 등 고급스러운 제품에 주로 쓰인다.—옮긴이) 원단에 하얀 레이스 러플이 달린 드레스를 입은 여자 셋의 사진이 제일 먼저 떴다. 어깨 퍼프가 풍성하고 허리선이 잘록한 공주 드레스를 입은 소녀들은 모델 시절 알고 지냈던 에바, 마릴린Marilyn, 던Dawn이었다. 나는 열일곱 살에 미국에 건너왔는데, 1980년대 유행하던 프롬 드레스의 화려함을 소화해내기엔 이미 '때 지난' 나이였다. 얼마나 다행인지.

"알겠어요. 한번 찾아볼게요."

"그럼, 다섯 시쯤 데리러 갈게요. 그 정도면 시간이 충분할 거예요. 제가 어디로 갈까요?"

"아, 근데 저는 파리에 있는데."

"아, 그렇죠." 그가 느리게 말을 이었다. "그럼, 여기로 오실 수 있나요? 캔자스주로?"

"어, 그게." 아무리 조를 기쁘게 해주고 싶어도 프롬 파티에 갈 방법이 없다는 걸 나는 그제야 깨달았다. 그는 내 첫 번째 팬이었다. 모르는 사람이긴 했지만, 누군가에게 중요한 사람이 되었다는 기분을 내게 처음 맛보게 해준 사람이었다. 내가 누군가에게 중요한 존재라니, 예상해본 적 없는 새뜻한 일이었다. 묘하게 따스한 느낌이었다.

그 일이 있고 몇 달 지나지 않아 나는 미국으로 이사했고, 내게 데이트 신청을 하려는 조들이 너무나도 많아진 나머지 비공개 전화번호가 필요한 상황이 됐다. 나중엔 호텔 예약할 때 다른 이름을 썼고, 공식 행사에는 경호원이 붙었으며, 모든 청구서를 가명으로 처리했다.

그러나 처음에는, 그러니까 이렇게 되기 전까지는 유명인의 생활에 도취되었다.

나는 거의 평생 유명한 편이었다. 어린 시절엔 스웨덴에서 유명했지만, 정작 나는 체코슬로바키아에 살고 있었기에 그 사실을 몰랐다. 심지어 유명하다는 게 어떤 의미인지조차 몰랐다. 스웨덴으로 이사하고 나서는, 정치 난민으로서 사람들에게 알려지는 건 유명이 아니라 오명에 가깝다는 사실을 알게 되었다. 사람들의 끊임없는 동정, 하대, 생색을 견뎌야 했다. 사람들은 나를 스웨덴 국민이 구원해준 '불쌍한 꼬마 폴리나'로 부르며 내 머리를 쓰다듬었다. 내가 유명한 건 불쌍해서였다. 어른들은 나를 동정했을지 몰라도 학교 친구들은 나를 거부했다. 나를 약골 취급했고, 내게서 악취라도 나는 듯 나를 꺼렸다.

그러다가 이런 것과 전혀 다른 명성을 얻었을 때, 아름다운 걸로 유명해졌을 때, 처음엔 이게 사랑인 줄 알았다. 갑자기 사람들이 나를 인정해주었다. 내 친구가 되고 싶어 했다. 나와 더 친해지고 싶어 했다. 그들의 관심이 사랑이 아니라는 걸 깨닫는 데는 몇 년의 시간이 걸렸다.

유명해지는 건 비눗방울에 갇히는 것과 같다. 방울 표면은 거울처럼 모든 걸 반사한다. 그러니까 유명인을 바라볼 때 사람들은 그 방울 안에 있는 사람을 보는 게 아니라 그들 자신의 모습을 본다. 우리는 유명해지면 모두가 아는 상태가 된다고 생각하지만, 사실 유명해진다는 건 아무도 나를 모른다는 뜻이다. 사람들은 자신의 추측, 생각, 욕망을 내게 투영한다. 내 진짜 모습은 '그들이 바라는 나'라는 환상 속에서 사라진다. 그래서 그들은 나를 알지 못한다.

어릴 적 어머니에게 버림받은 경험 때문에 나는 어머니의 인정과 사랑을 갈망했다. 나는 어머니가, 나아가 내가 만난 모두가 나를 알아주고 수용해주기를 바랐다. 그러나 유명해지면서 이건 거의 불가능한 일이 되었다. 내가 유명해질수록 사람들은 내 진짜 모습이 아닌 내가 보여주는 모습을 보고 나를 좋아했다. 있는 그대로 인정받는 경험이 가장 필요했던 시기에 유명세로 내 주변에는 높은 장벽이 세워졌다.

그 장벽으로 사람들은 나를 알지 못하게 됐고, 나도 고립됐다. 유명인이 되면 다른 사람과 관계 맺는 일이 어려워진다. 관계 맺기는 어릴 때부터 십 대 시절은 물론, 지금까지도 줄곧 내가 원하는 것이다. 진짜 내 모습을 있는 그대로 봐주기를, 내 목소리를 들어주기를 늘 바랐다. 그러나 유명인이 되면서 진실한 관계는 요원하기만 했다. 사람들은 내가 어떤 사람일 거라고 단정지은 채 다가왔고, 나는 그들이 기대한 것과 달랐다.

모델로 유명해지면서 나는 백지 혹은 종이인형 같은 일차원적 존재가 되었다. 내 목소리를 들으려는 사람은 좀처럼 없었다. 그들이 나에 대해 아는 거라고는 내 얼굴과 몸매가 전부였다. 그들은 그 위에 자기들이 원하는 것을 투영할 뿐이었다.

그러던 중 무언가가 달라졌다. 〈스포츠 일러스트레이티드〉 수영복 표지 모델이 된 이후로 인터뷰 요청이 들어오기 시작했다. 대중은 나를 자기 의견과 개성을 지닌 사람으로 봐주었다. 때로는 날 미워하기도 했다. 내가 하는 얘기가 나를 향한 사람들의 인식을 바꿔놓을 수 있을 거라고는 전혀 예상하지 못했다.

나는 그저 모든 질문에 솔직히 대답했을 뿐이다. 사람들은 내가 어떤 사람인지 더 알고 싶어 하는 것 같았다. 내가 아침으로 무엇을 먹고, 내가 어떤 프로그램을 보는지 궁금해했다. 대중의 관심을 받을수록 내 콧대는 높아졌지만, 그렇다고 자존감이 함께 높아지는 건 아니었다. 나는 점점 건방져졌고, 그럴수록 점점 더 불안해졌다. 사람들이 좋아하는 건 있는 그대로의 내 모습이 아님을 알았기 때문이다. 언제 들통날지 모른다는 두려움이 점점 커졌다. 사실 나는 아름답지 않다는 것을, 여전히 '불쌍한 꼬마 폴리나'일 뿐이라는 걸 사람들이 알게 될까 봐 두려웠다. 이 모든 게 너무 서서히 점진적으로 일어나서 내가 상황을 파악했을 땐 이미 물이 엎질러진 뒤였다.

릭을 만난 게 그 무렵이었다. 유명인 두 사람이 만나면, 그 둘을 감싸고 있는 방울은 수월하게 하나로 합쳐진다. 진짜 비눗방울이 그런 것처럼. 유명인들이 주로 다른 유명인들과 어울리는 것도 이런 이유가 아닐까 싶다. 상대방과 순식간에 통하니까. 꼭 타국에서 자기 나라 사람을 만난 것만 같다. 자신과 똑같이 먹고 자고 꿈꾸며 사는 사람들 속에 있었음에도, 자기 나라 사람을 만나면 그 사람과만 공유되는 공통점에 빠져들게 된다.

사람들은 유명해지면 삶이 더 편해질 거라고들 생각한다. 물론 유명인이 되면 부가 따라오는 경우가 많고, 부는 실제로 삶을 편안하게 만들어준다. 그러나 유명해질수록 더 많은 제약이 따르는 것도 사실이다. 유명해질수록 그를 둘러싼 방울이 작아지기라도 하듯이 말이다. 릭은 나보다 훨씬 더 작은 방울 속에서 살았다. 릭과 함께 있을 땐 절대 할 수 없는 일들을 나 혼자 있을 땐 얼마든지 할 수 있었다. 나 혼자서는 사람들 눈길을 받지 않고 아이들을 학교에 데려다주거나 장을 볼 수 있었다. 그러나 릭과 함께 있을 때는 그의 작은 방울 속으로 빨려 들어갔다. 릭은 그 안에 너무 오랫동안 갇혀 살아서인지 작은 방울을 맞춤옷처럼 편안해했다.

유명세라는 방울에 갇힌 삶의 문제점이 뚜렷하게 보인 건 오십의 나이로 연애를 하면서였다. 남편은 죽었고, 남자 친구는 떠났고, 아이들은 독립해 둥지를 떠났다. 나는 혼자였고, 지독한 외로움에 조금도 익숙해지지 않았다. 만날 남자가 없다고 불평하는 내게 지인들은 진짜 사람, 진짜 남자를 찾으라고 조언했다. 그러니까 그건, 유명하지 않은 사람을 만나라는 의미였다. 나는 의사, 변호사, 부동산 개발업자, 은행가를 만나 저녁을 먹고 데이트를 해보았다. 그러나 결과는 항상 똑같았다. 그들도 날 가두고 있는 방울 표면에 비친 자기 모습만 뚫어져라 바라봤다. 연결 자체가 불가능했다.

데이트 상태가 누구든 나는 내 방울을 터뜨리고 인간적인 모습을 보여주려고 무척 애썼다. 상대에게 그들이 생각하는 내 모습이 아니라 진짜 내 모습을 보여줄 수 있도록 말이다. 가장 좋은 방법은 나 자신을 부족하고 연약한 인간으로, 또 원래 그렇기도 하지만 얼빠진 사람으로 내보이는 것이었다. 하지만 여기에 너무 많은 에너지를 소모한 탓에 썸조차 타지 못하는 경우가 태반이었다.

앞으로 나는 내 방울의 존재를 아는 사람, 방울을 터뜨릴 수 있다고 자신하는 사람을 종종 만나게 될 것이다. 그런 사람들은 내게 다가와 사인을 요청하는 게 아니라 그들이 생각하는 내 문제점을 말해줄 것이다. 그런데 이런 식의 가시

돋친 말로 날 따갑게 할 순 있지만, 방울을 터뜨리지는 못한다. 칭찬이 그렇듯 모욕도 자기 내면을 상대방에게 투사하는 행동이기 때문이다.

그렇다면 무엇으로 방울을 없앨 수 있을까? 방울을 터뜨릴 수 있는 건 무관심이 유일하다. 모두가 방울 속에 갇힌 사람을 무시하면, 그 방울은 서서히 녹아 사라진다. 방울이 완전히 없어질 때까지 그 안에 있는 사람은 이를 알아차리지 못할 만큼 아주 느리게.

사람들은 자기 목소리에 힘이 실리는 듯한 착각 때문에 유명해지고 싶어 하는 것 같다. 모든 인간은 누군가가 자기 이야기를 들어주기를 바란다. 유명해지면 유명해질수록 목소리가 더 멀리 퍼져 나간다. 그러나 메가폰이 그러하듯 목소리는 왜곡되기도 한다.

나는 거의 평생을 유명인으로 살았다. 덜 유명할 때와 더 유명할 때가 있었을 뿐이다. 유명하지 않은 사람으로 살려면, 내가 알고 사랑하는 모든 것을 뒤로하고 시베리아의 오두막으로 가야 할 것 같다. 그러나 그렇게 되면 완전히 고립된 삶을 살아야 할 것이다. 결국 내게 주어진 선택지는 아주 멋진 벽지가 발린 방울 속에 갇힌 채, 볼 수는 있으나 만질 수 없는 바깥세상을 무시하며 살아가는 것 그리고 내게 주어진 메가폰을 사용하는 것 두 가지인 셈이다. 그렇다면 나는 목적 없는 외로움보다는 목적 있는 외로움을 택하겠다.

내게 중요한 것들을 효과적으로 전할 수 있는 것도, 이렇게 여러분에게 내 이야기를 할 수 있는 것도 유명인에게 주어지는 큰 목소리 덕분이니까.

슬픔과 배신감

뉴욕 북부 우리 집 부엌 싱크대 앞에 서 있었다. 9월이었지만 아직 여름 날씨였다. 창문은 모두 열려 있었고, 공기는 따뜻하고 묵직했다. 마흔 명쯤 되는 사람이 집 안 곳곳에 삼삼오오 모여 있었다. 왠지 집이 아니라 기차역 같은 데 있는 것 같은 기분, 가족이나 친구가 아니라 낯선 사람들에게 둘러싸여 있는 것 같은 기분이었다. 나는 2구짜리 세라믹 싱크대에 손을 얹은 채 온몸을 지탱하고 서 있었다. 오래된 시골집에 원래부터 딸려 있던 싱크대였다. 벽은 샛노란색이었다. 둘째 아이를 임신한 지 6개월이 되었을 때 내 손으로 직접 페인트칠하고 광택제를 발랐었다. 큰 아들 조너선이 세 살 때 릭과 나는 이 집을 샀고, 아직 가구를 들여놓기 전에 둘째 올리버를 '만들었다.' 눈앞에 냄비가 하나 놓여 있었다. 이걸로 뭘 하려고 했는지 생각이 나질 않았다. 내가 뭘 만들려고 했나? 아님 설거지하려고 했던가? 창밖의 나무를 바라보았다. 나무는 여전히 푸르렀다.

"누나." 동생이 내 뒤로 다가와 나를 불렀다.

나는 깜짝 놀랐지만, 몸은 아무 반응도 하지 않았다. 그가 프라이팬을 휘두르며 다가왔더라도 마찬가지였을 것이다. 그때 나는 자기 보호 본능도, 무언가를 선택할 능력도 제로였다.

"매형은 대체 무슨 생각을 하고 있었을까?"

"쿠키 생각하고 있던 거라면 좋겠는데." 내가 말했다.

동생이 어이없다는 표정을 지었다. "쿠키?"

"응. 내가 쿠키 사다 줬거든. 그 가게에서. 저기, 쿠키 가게 있잖아. 직접 구워서 파는 쿠키 가게. 그 쿠키 말이야."

전날 밤, 릭에게 아이들을 부탁하고 친구 생일 파티에 다녀왔고, 집에 오는 길에 밤늦게까지 문을 여는 작지만 숨은 맛집인 쿠키 가게에 들러 초콜릿칩 쿠키를 사왔다. 그러나 릭은 별로 먹고 싶지 않다며 내일 먹을 테니 남겨놓으라고 했다.

나는 등을 돌려 싱크대에 기대어 섰다. "그래서 잘 자라고 굿나잇 키스를 건넸는데, 그게 마지막이⋯." 나는 흐느끼기 시작했다.

동생이 한동안 나를 가만히 지켜보았다. "나는 유언장 얘기 한 거였어." 동생이 나직이 말했다.

유언장. 아, 그렇지, 유언장.

우리가 유영하던 까만 물속에 유언장이 지뢰처럼 불쑥 떠올랐다.

남편이 사망한 다음 날, 그의 가장 절친한 친구이자 매니저였던 제프Jeff에게 남편의 유언을 전해 들었다. 그 내용은 간접적이었고 모호했다. 우리는 전화로 장례식 문제를 논의하고 있었다. 제프 부부는 이틀 뒤 비행기를 타고 라과디아LaGuardia 공항에 내려 시내 호텔에 머물다가 밀브룩Millbrook(뉴욕 북부의 교외 지역―옮긴이)으로 운전해서 장례식에 올 예정이었다.

제프는 통화 중에 갑자기, 자동차 렌트 얘기를 하다가 불쑥 이런 말을 꺼냈다. "괜찮을 거예요. 걱정 마요. 다 괜찮을 거예요."

제프가 왜 저렇게 연신 사과하듯 말하는 걸까 잠시 궁금했다.

"집 두 채와 연금 모두 받게 될 거예요. 괜찮을 겁니다."

내게 왜 이런 말을 하는지 이해되지 않았다.

"자녀 신탁 계약을 체결해야 했어요. 꼭 해야 하는 일이었습니다."

"네." 나는 혼란스러웠다. "신탁, 해야죠."

머리가 제대로 돌아가지 않았다. 대체 무슨 말을 하는 건지 전혀 알 수 없었고, 그렇다고 물어볼 여유도 없었다.

며칠 뒤, 장례식을 하기 전 아직 시내에 머물고 있을 때 큼직한 회색 서류봉투 세 장과 맞닥뜨렸다. 봉투는 우리가 우편물을 쌓아놓는 테이블 위에 놓여 있었다. 릭과 올리버가 길에서 발견해 집으로 가져온, 아담한 테이블이었다. 봉투 하나에는 내 이름이, 다른 두 개에는 아들들 이름이 적혀 있었다. 우편으로 왔는지, UPS(소포와 화물 배송을 전문으로 하는 미국의 글로벌 배송 서비스 회사—옮긴이)로 배달되었는지, 누군가 직접 들어와 집 안에 갖다두었는지 알 수 없었다. 봉투에는 릭의 유언장이 들어 있었다.

아내가 나를 유기했으므로
아내에게 유산을 남기지 않는다.

"아내가 나를 유기했으므로." 유기했으므로. 그 구절을 읽고 또 읽었다. 어딘가로 툭 떨어지는 기분이었다.

이건 분명 실수였다. 누군가 실수한 게 틀림없었다. 분명히 전화가 올 것이다. 누군가가 내게 연락해 해명해줄 것이었다. 릭이 이런 말을 했을 리가 없다. 내가 릭을 유기한 적 없다는 건 틀림없다. 부부로서는 갈라섰지만, 우리는 여전히 가장 친한 친구로 지내고 있었다. 여전히 한집에서 살고 있었다. 아마 화가 나서 뱉은 말을 누군가가 받아적었고, 그게 어쩌다 실수로 유언장에 들어갔을 것이다. 이건 초안이고, 누군가의 메모일 것이다. 이게 그의 유언일 리 없다. 변호사 사무실에서 벌어진 끔찍한 실수였을 것이다.

그래서 나는 이 문제를, 이 실수를 무시했다. 머릿속에 담아두지 않았다.

다음 날 제프가 집에 찾아왔다. 제프는 릭의 수의를 고르는 걸 도왔다. 나는 정장보다는 릭이 집에서 입었을 법한 편안한 옷을 입혀야 한다고 생각했다. 나는 남편이 편안하고 아늑하게 느끼길 바랐다. 우리는 눈물을 흘리는 와중에도 몇 차례 웃음을 터뜨렸다. 제프 부부는 침대에 앉아 있었고 나는 릭의 옷장을 뒤적이며 우리의 추억이 묻은 옷가지를 하나씩 끄집어냈다. 남편이 영원히 입게 될 옷을 고른다니, 깊은 친밀감이 드는 순간이었다.

그날 유언장 얘기는 꺼내지 않았다.

장례식을 마치고 부엌 창가에 있는 내게 남동생이 다가왔을 때, 제프는 다른 사람들처럼 집 안을 배회하고 있었다. 그때 나는 제프가 전화로 내게 했던 말과 남편의 유언을 서로 연결 짓지 못했다. 남편의 유언이 내게, 우리 아들들에게, 우리 가족에게 무슨 의미인지 전혀 알지 못했다.

전혀 다른 두 가지 감정을 동시에 느끼는 게 가능할까? 물론이다. 인간은 복잡한 존재다. 가진 돈으로 살 수 있는 꿈의 집을 찾았다는 사실에 기뻐하는 동시에 그게 가능한 이유가 현관에서 발생한 살인 사건 때문이라는 사실에 속상해할 수도 있다. 오늘 밤에 입으려고 했던 칵테일 드레스의 드라이클리닝을 깜빡한 남편에게 화가 나지만, 남편 손에 들린 꽃다발을 보며 기뻐할 수도 있다. 행복과 슬픔. 기쁨과 분노. 이 대조적인 감정은 시소의 양단이며, 시소는 위아래로 움직인다. 나는 시소의 중심에서 평화로운 균형을 찾기를 바랄 뿐이다.

슬픔과 배신감은 서로 다른 감정이지만, 시소의 같은 편에 있는 감정이기도 하다. 끔찍한 편에. 균형은 불가능하다.

두 가지를 동시에 경험한다는 건 식중독을 심하게 앓는 것과 같다. 몸 안의 독이 다 빠져나갈 때까지 정신을 차릴 수 없다. 한쪽을 비우자마자 다른 쪽에서 난리가 시작된다. 도대체 어느 쪽에서 문제가 발생할지 알 수 없다. 한 가지 분명한 건 화장실을 떠날 수 없다는 사실이다. 나는 슬픔과 배신감이라는 지독한 독에 시달리고 있었다.

최악의 배신은 릭이 우리가 생활비로 쓰고 있던 작사 작곡의 저작료를 내게서 빼앗았다는 것, 저당 잡힌 집 두 채와 감당할 수 없는 세금을 내 앞으로 남겼다는 것이 아니었다. 재정적으로는 어떻게든 살길을 찾을 수 있을 터였다. 진짜 최악은 내가 그를 유기했다고 공개적으로 선언했다는 사실이었다.

장례식이 끝난 뒤로는 시간이 다시, 그러나 아주 이상하게 흘러갔다. 정신을 차려보면 어느 상점이나 친구 집이었고, 내가 왜 거기 있는지 이유를 몰랐다.

상실의 슬픔을 단단히 움켜쥐고 멀리 던져버리려고 노력해봤다. 그러나 식중독에 걸리지 않은 척하는 것과 같이 전혀 효과가 없었다. 슬픔과 배신감에 잠식된 나머지 다른 감정은 느낄 틈이 없었다. 참담함을 애써 감추고 있노라면 분노가 치밀어올랐고, 분노를 억누르고 있노라면 슬픔이 비어져 나와 숨통을 조였다.

매매 표지판이 붙은 아르데코 양식의 아파트를 지나갈 때마다 릭에게 보여줄 사진을 찍으려고 휴대폰을 꺼냈다. 릭이 전쟁 이전에 지어진 아파트를 사고 싶어 했고, 우리가 집을 부동산에 내놓은 뒤로 그런 집들을 찾고 있었기 때문이다.

장보러 갈 때마다 나는 무의식적으로 블루베리 요거트를 장바구니에 담았다.

슈퍼마켓에서 나와 집으로 가다가 옷 가게 쇼윈도에 걸린 블랙 앤드 화이트 패턴의 스웨터를 보고는 '오, 릭이 좋아하겠네'라고 생각하다가 뒤미처 그에게 두 번 다시 선물할 기회가 없다는 사실을 떠올렸다.

그리고 이 모든 과정을 지나는 동안, 매일 때로는 매시간 마리오Mario가 보낸 이메일을 받았다. 마리오는 한때 우리 부부의 비즈니스 매니저였고, 그 당시엔 내가 자신을 유기했다고 주장하는 남편의 유언 집행자였다. 이맘때부터 제프는 모습을 감추었다. 마리오는 셀 수 없이 많은 이메일을 보내며 내게 서명을 요청하면서도, 앞으로도 내 비즈니스 매니저로 활동하고 싶다는 말로 (그리고 내가 오랜 고객이었으니 약간 할인해주겠다며) 나를 안심시켰다. 하지만 그의 말대로 하면 내가 릭을 유기했다는 거짓말에 굴복하는 사람이 될 터였다.

받은 메일함에는 친구들이 보내온 이메일도 있었다. 친구들은 내가 모르고 있으면 안 될 거라면서 인터넷에 올라오는 수십 개의 타블로이드 기사를 퍼 날라주었다.

릭 오케이섹, 소원해진 아내 폴리나 포리즈코바를
상속자 명단에서 제외

릭 오케이섹과 폴리나 포리즈코바의 결혼 생활을 뒤흔든
'유기'의 전말

폴리나 포리즈코바와 릭 오케이섹 사이에
실제로 무슨 일이?

인생이 무너지는 와중에도 아무렇지 않은 척해야 한다는 생각에 견디기가 무척 힘들었다. 변호사 사무실, 회계사 사무실에서 몇 날 며칠을 죽치며 그들이 하는 말을 이해해보려고 했지만, 이해되지 않았다. 그때 나는 이들이 말하는 복잡한 법률 및 재정 문제를 따라가기는커녕 평범한 대화도 간신히 나눌 정도로 집중하는 게 어려웠다. 천만다행히도 안나Anna와 재키Jacquie 같은 친구들이 내 옆에 앉아 나 대신 질문하며 꼼꼼히 메모했고, 나중에 내게 여러 차례 설명해주었다. 친구들이 든든한 버팀목이 되어주었지만, 그럼에도 매 순간 나를 덮치는 배신감에서 벗어날 수는 없었다.

남편이 죽은 지 석 달이 지나고 크리스마스가 되었다. 이쯤이면 나도 털고 일어나야 한다는, 암묵적인 사회적 합의라도 있는 것 같았다. 크리스마스가 지나니, 새해가 밝았다.

"새해에는, 새로운 사람이 되길!"

"좋은 일이 가득한 한 해가 될 거야!"

"아주 멋진 미래가 기다리고 있어요!"

"앞으로 해야 할 일이 정말 많아요!"

"넌 이제 자유야!"

"긍정적으로 생각해요!"

"화장을 하면 기분이 한결 나아질 거예요."

릭과 갈라서기로 한 이후 내 연인이 되었던 남자친구가 명상 수련에 함께 가겠느냐고 물었다. 남자친구가 연초마다 하는 일이었다. 그의 질문에 내가 이런 반응을 보일 줄은 우리 둘 다 몰랐다. 나는 무너지고 말았다. "슬퍼하는 아이들을 내버려두고?" 나는 이렇게 소리치며 눈물을 터뜨렸다.

"아, 알겠어. 그럼 그냥 혼자 갈게."

그때 내가 어떤 감정이었는지 설명할 수 없다. 내 목숨이 달렸다고 해도 설명할 수 없을 것이다. 내가 괜찮아야 한다는 걸 나도 알고 있었다. 그렇지 않아도 '괜찮은 척'해야 한다는 압박감 때문에 봉제 인형이 된 것만 같았다. 아마 그의 질문에 그동안 겨우 억눌렀던 감정이 터져버린 것이리라. 그는 마지못해 내 곁에 있었다. 당시 그는 너무나 무심했고, 나는 그런 그에게 상처받았다. 하지만 돌이켜보면 남편의 죽음을 애도하는 여자친구를 위로해야 하는 남자친구라니,

그의 처지도 참 딱했다. 그는 가까운 사람을 떠나보낸 경험이 없었다. 그래서인지 내가 슬픔을 털고 일어나지 못하는 걸 내 개인의 문제로 봤고, 결국 참을성을 잃었다.

나는 식중독으로 고통스러워하고 있는데, 화장실 문을 두드리며 언제 나올 거냐고 묻는 것 같은, 그런 상황이었다.

릭은 9월 중순에 사망했다. 10월이 되자 마리오, 마리오와 제프가 설립한 신탁, 즉 릭의 전 재산으로 구성된 신탁을 상대로 소송을 제기해야 한다는 사실이 명확해졌다. 이는 한 손에 꼽을 만큼 친한 친구라고 생각했던 한 사람뿐만이 아니라, 신탁의 수혜자로 설정된 내 아이들과 의붓아들들과도 싸워야 한다는 의미였다.

법적 공방을 벌이던 중 숱한 질문이 떠올라 나를 갉아먹었다. 나는 어쩜 이렇게 순진했을까? 어쩜 이렇게 멍청했을까? 지난 30년의 내 인생을 어떻게 잘못 알고 있었을까? 우리의 사랑을, 릭을 어쩜 이렇게 잘못 생각하고 있었을까?

친구가 내게 '복합 비애complicated grief'에 관한 기사를 하나 보내주었다. 복합 비애란 한마디로 쉽게 해소할 수 없는 슬픔이다. 주로 예상치 못한 죽음에 의해 촉발되며, 사랑하는 사람을 잃는 경험뿐만 아니라 재산이나 집, 사회적 지위의 상실 같은 복잡한 상황 때문에 발생한다. 그러나 자신이 애도하는 사람에게 배신당한 경우의 복합 비애를 제대로 탐구한 사람은 없었다. 내가 처한 이 상황을 헤쳐 나가는 데 도움을 받을 만한 지침도 전혀 없었다.

인터넷 기사를 통해 나는 배신의 트라우마, 외상후 스트레스 장애, 상실의 슬픔이 서로 관련은 있으나 별개의 진단이라는 사실을 알게 되었다. 배신은 사람이 아니라 관계와 신뢰의 충격적인 죽음을 나타낸다. 외상후 스트레스 장애는 두려움 그리고 두려움을 피하려는 시도로 발생하는 문제를 초래하는 반면, 배신의 트라우마는 수치심과 해리를 유발한다. 상실의 슬픔은 그야말로 압도적인 슬픔으로, 머리를 멍하고 혼란하게 만든다.

이러한 정보가 도움이 되긴 했지만, 너무나 깊고 낯설고 고통스러운 상실의 고통에 빠져드는 순간에 배신당한 사실을 알게 되면 어떤 일이 벌어지는지에 관해 말하거나 쓴 사람은 찾을 수 없었다. 상실의 슬픔, 배신, 배우자의 죽음을 발견한 충격이 동시에 닥칠 때, 어떤 일이 발생하는지에 관한 정보는 없었다.

그렇게 나는 혼자였다.

그가 사망하기 몇 주 전에 성급하게 작성한 유언장의 내용을 뒤집는 것이 내게 가장 중요한 일은 아니었다. 그보다 중요한 건, 내가 당한 배신을 계기로 아들들이 아버지를 향한 사랑과 어머니에 대한 신뢰를 잃게 하지 않는 것이었다. 아이들은 아버지를 사랑했고, 여전히 사랑하고 있었다. 릭은 훌륭한 아버지였다. 내가 느끼는 배신감을 아이들 앞에서 드러내지 않으려고 무진 애썼다. 그러나 유독한 감정에서 헤어나올 수는 없었다. 가글로 입을 헹구고 화장실을 나선다고 해서 모든 게 괜찮아지는 건 아니었다. 전혀 그렇지 않았다. 오히려 괜찮은 척해야 한다는 압박감 때문에 더 힘들었다. 후회되는 순간들, 아이들 앞에서 릭의 행동에 분노했던 순간도 몇 번이나 있었다.

그러나 친구들이 릭을 비난하기라도 하면 나는 늘 릭을 옹호했다. 나는 여전히 그를 사랑했다. 심지어 지금도 그이를 사랑한다. 그이를 욕할 수 있는 사람은 나뿐이다.

나는 웃는 얼굴을 유지한 채 상실의 슬픔과 배신, 돈 문제를 이겨내는 모습을 세상에 보여줘야 했다. 본을 보여야 했다. 그리고 나는 그러려고 노력했다.

그 결과, 분노를 억누르며 애도할 때 어떤 부작용이 발생하는지 알게 되었다. 이는 사람들이 입에 올리거나 받아들이려고 하지 않지만 불가피한 문제인데, 자기 슬픔에 빠져 남은 안중에 없는 이기적인 사람으로 비칠 수 있다는 사실이다. 사람들은 화장실에 더 머물러 있고 싶어 하는 나를 못마땅해했다. 아직 식중독이 낫지 않았고, 언제라도 다시 고통이 시작될 수 있다는 걸 나는 알지만, 사람들은 내가 식중독에 걸렸다는 사실을 벌써 잊은 듯했다. 나는 그 고통에서 벗어날 수 없었다. 결국 나 혼자만 존재하는 세상 속에 갇히게 되었다.

1년 뒤, 어렵게 집을 팔았을 때 남자친구는 더는 내 곁에 있지 못하겠다고 선언했다. 건강한 관계를 원했던 그 사람은, 30년의 세월이 녹아든 집을 정리하는 이삿짐 직원들을 지켜보는 나를 두고서 뒤도 돌아보지 않고 떠나버렸다.

1차 세계대전 당시, 의사들은 매독에 새로운 치료법을 도입했다. 바로 말라리아였다. 페니실린을 발견하기 전까지 의사들은 진행성 매독 환자를 말라리아에 감염시켜 매독

박테리아를 죽일 만큼 위험할 정도의 고열을 유발했다. 이른바 '발열요법'이었다. 그래서 말라리아로 사망하는 환자도 있었지만, 뇌를 감염시키는 말기 매독이 너무나 끔찍했기 때문에 사람들은 신경매독의 극심한 광기를 겪느니 말라리아로 죽을 위험을 선택하는 게 낫다고 여겼다.

끔찍하고 위험한 병원균은 다른 병원균까지 죽일 수 있다. 매독 스피로헤타syphilis spirochete(매독을 일으키는 병원균—옮긴이)는 고열에 살아남지 못한다. 때로는 환자들도 살아남지 못했다. 의사들은 매독 박테리아가 파괴되었다는 증거를 찾기 위해 발열요법을 받는 환자의 혈액을 매일 검사했다. 스피로헤타가 더 이상 발견되지 않으면, 환자에게 재빨리 퀴닌quinine을 투여해 말라리아를 치료하고 생명을 구했다.

나는 실연의 아픔이 말라리아와 같은 역할을 한다는 걸알게 되었다. 실연의 아픔은 배신감을 잠재웠다. 남자친구에게 받은 실연의 아픔이 이상한 형태의 정서적 발열요법으로 작용해 남편의 배신으로 인한 고통과 분노를 없앤 것이다. 마침내 내 안에는 슬픔만 남았다. 평생을 사랑했던 남자인 내 남편을 잃은 슬픔만.

남편의 배신. 이 말이 이제는 열정으로 인한 범죄, 충동적 상해로 들린다. 남편이 매정한 행동을 했다고 생각하지만, 나를 집착하듯 사랑해서 그랬던 게 아닐까 싶은 생각도 든다. 사랑의 진정한 끝은 무관심이다. 그리고 보복은 무관심이 아니다. 남편이 보복심으로 그런 유언을 작성했는지도 모르지만, 나는 그게 상처받은 현재 진행형의 사랑이 반영된 내용이라고 생각한다. 집착하는 사랑이 건강하냐고 묻는다면? 물론 아니다. 그러나 나는 사랑이라는 집에 현관문을 놔두고 굴뚝으로 들어가는 것을 배웠던 사람이어서, 남편이 자기만의 이상한 출입구를 찾았다고 해도 이해할 수 있다. 그렇게 마침내 나는 복잡하지 않은 그리움으로 그를 그리워할 수 있게 되었다.

　실연의 아픔은 배신감이라는 고통으로부터 나를 치유해주었다. 나를 지금의 여성으로 만들어주기도 했다. 자신이 좋은 이유로 나쁜 선택을 했다는 사실을 이해하는 여성. 굳이 배울 필요가 없었더라면 좋았을 교훈, 그러나 배우지 않는 것보다 나은 교훈을 얻은 여성. 깨진 마음의 조각을 주워 모으고, 조각조각 힘들게 다시 맞추고, 그러는 과정에서 마음을 더 크게 만들어 자신의 가치를 발견한 여성으로.

자신을 죽이지 않았다고 해서 더 강해지는 건 아니다. 그러나 그 사실이 마음을 더 크게 만들어주긴 한다. 물론 스스로 원해야 한다. 우리는 조각난 마음을 꿰매는 과정에서 마음을 키울 수 있다. 추측과 판단을 잘라내고 그 자리에 관대함을 꿰매 넣으면 된다. 수치심을 잘라내고 자기 수용을 꿰매 넣으면 된다. 그런 다음, 그 안에 사랑을 채우고 감사로 수를 놓으면 된다.

실연의 아픔

부에노스아이레스의 어느 포근한 밤, 자잘한 자갈이 깔린 광장 안쪽 한 카페 테라스에서 실라Sheila라는 친구와 와인을 마시고 있었다. 그때 긴 머리를 늘어뜨린 여자가 우리의 낡은 테이블 옆을 지나가며, 우리에게 타로 카드 한 벌을 부채처럼 펼쳐 보였다. 우리가 타로 점을 보고 싶었느냐고? 물론 그랬다.

광장 건너편 모퉁이에서는 탱고 댄서들이 낡은 붐박스에서 흘러나오는 슬픈 음악에 맞추어 마법 같은 스텝을 선보이고 있었다. 몸에 딱 달라붙는 드레스를 차려입은 여자들은 아름답게 빛났고, 남자들은 품위 있고 책임감 있게 파트너를 회전시키고 끌어당기고 뒤로 기울였다. 조금도 힘들어 보이지 않았다. 그 모습을 보니 내 신혼 시절이 떠올랐다.

"무엇이 궁금하세요?" 여자가 물었다.

그때 나는 아주 오랜 결혼 생활과 그에 버금가는 지난한 이혼 과정을 겪은 뒤였고, 앞으로 나를 매력적으로 봐줄 남자가 나타날지 알고 싶었다. 여자는 끈적한 테이블 위에 카드를 놓더니 얼굴을 찌푸렸다.

"아이고, 저런." 여자가 말했다. "미래에 만날 사람이 당신의 마음을 아프게 할 거예요. 당신을 망가뜨릴 남자예요."

술기운과 밤기운을 빌려 그냥 웃어넘겼다. "그럼, 그런 나쁜 놈하고는 사랑에 빠지지 않으면 되죠, 뭐."

여자가 슬픈 눈으로 나를 바라보았다. "그게 문제예요. 그 남자는 나쁜 놈이 아니에요. 좋은 남자예요. 하지만 당신의 마음을 산산조각 낼 거예요."

여자의 예언은 3년 뒤 현실이 되었다.

실연의 아픔은 특정 나이를 지나면 인정받지 못하는 고통이 된다. 우리 모두 십 대 시절에 실연을 겪었고 아픔을 극복했다. 그래서인지 나이가 들수록 실연의 아픔은 점점 덜 중요한 감정으로 취급받는다.

상실의 슬픔에는 품위가 있다. 함께하거나 이해받지 못하더라도 존중받는다. 진지하고 엄숙하다.

그러나 실연과 상실 모두 깊은 슬픔이며 관계를 잃은 극심한 고통이자 마음의 상처다. 두 감정 다 우리를 다른 모든 사람, 다른 모든 것으로부터 소외시킨다. 그렇게 우리는 전적으로 혼자가 되어 고통에 빠진다. 둘 중 어느 것이든 이를 이겨내기 위해서는 마지막 에너지까지 끌어내야 한다. 모든 하찮은 일이 인내심 테스트가 된다. 그러나 상실의 슬픔은 존중받고, 실연의 아픔은 무시당한다.

이는 이 두 가지를 동시에 경험하면서 내가 알게 된 사실이다.

우리의 첫 데이트 장소는 미술관이었다. 나는 그에게 미술관 작품을 처음부터 끝까지 관람하면서 가장 마음에 드는 작품을 하나 고른 다음, 그날 데이트를 마치고 헤어질 때 각자 선택한 작품을 말해보자고 제안했다.

우리는 똑같은 그림을 골랐다. 차분한 톤으로 나무를 그린, 소박한 수채화였다. 전경에 있는 나무 두 그루가 서로를 향해 구부러져 있었다. 보이지 않는 산들바람이 둘의 가지를 스치는 듯했고, 나무 뒤에 걸린 태양이 그림의 정중앙에 초신성 같은 불빛을 만들었다.

내가 그를 만난 건 남편과의 이별 소식을 마침내 아이들에게, 그리고 세상에 알린 이후였다. 그는 33년 만에 처음으로 내게 관심을 보인 남자였다. 슬프고 외로웠던 나는 무더운 날 차가운 물에 다이빙하듯 주저 없이 그의 품에 뛰어들었다. 어디로 뛰어드는지 따져볼 겨를조차 없을 만큼 나는 목말라 있었다. 나는 완전히 열정적으로 사랑에 빠졌다. 그는 한때 내 안에 살았으나 이제는 존재조차 느껴지지 않을 만큼 시들어버린 것들을 되살려냈다.

저녁 데이트를 마치고 처음으로 그의 집에 따라갔던 날, 방 한쪽 구석에 놓인 키보드가 보였다. 그가 샤워하는 동안 나는 청바지와 스웨터를 걸치고 조용히 그리로 다가갔다. 건반 앞에 앉아 볼륨을 낮추고 연주했다. 쇼팽의 곡이었다.

샤워를 마치고 나온 그가 내 뒤로 다가오는 소리조차 듣지 못했다. 뒤에서 인기척이 느껴지자마자 나는 연주를 멈췄다.

"계속해요." 그가 말했다. "아름다워요." 그가 의자를 끌어다 옆에 앉더니 눈을 감고 귀를 기울였다. 청중 앞에서 연주하는 게 익숙하지 않았다. 들어주는 사람이 있는 상황이 익숙하지 않았다.

차가운 물속을 헤엄치던 나는 주변의 암초와 같은 경고 신호들을 감지했지만, 그러는 와중에도 순진하게 그저 더 멀리 헤엄쳐나가야 한다고 생각했다. 내가 마지막으로 사랑에 빠졌던 건 열아홉 살 때였다. 사랑이란 끝없이 펼쳐진 바다 같은 거라고 나는 여전히 그렇게 믿고 있었다.

2년이 넘도록 계속 암초에 부딪히며 헤엄쳤다. 내가 미친 듯이 사랑했던 남자는 너그럽고 상냥했으며, 자기 자녀들에게 훌륭한 아버지였고, 또 무척 재미있는 사람이었다. 그러나 우리가 아는 사랑은 서로 달랐다. 그는 내게 이런 말을 자주 했다. "우리가 헤어지게 되더라도 난 망가지진 않을 거야. 슬프긴 하겠지만." 나는 그의 말을 믿지 않는 편을 택했다. 그저 꾸준히 헤엄치다 보면 언젠가 장애물이 없는 곳에 가 닿을 수 있을 줄 알았다.

얼마 뒤 평생 일해서 구입했던 우리 집을 팔아야 하는 날이 다가왔다. 더는 감당할 수 없어서였다. 그러나 그 때문에 가슴이 무너진 건 아니었다. 내가 무너진 건 이삿짐센터 직원들이 내 모든 소유물을 실어 가던 바로 그날, 내가 사랑했던 이 남자가 내게서 떠났기 때문이었다. 지독한 장애물에 부딪혔던 그날, 나는 그동안 내가 헤엄치던 곳이 망망대해가 아닌 연못이었다는 사실을 깨달았다. 사실 그는 이를 경고한 적도 있었다. 그때 알아봤어야 했다. 상대방이 나 때문에 마음 아파하지 않는다면, 나를 위한 마음이 애초에 없었을지도 모른다는 걸 일찍이 깨달았어야 했다. 내 남자친구는 늘 연못 같은 사람이었다. 맑지만 경계가 확실한 연못. 내가 마음만 먹었더라면 연못의 경계를, 그 끝을 충분히 볼 수 있었을 것이다. 그러나 나는 오랜 가뭄 끝에 마주한 물의 감촉에 맹목적으로 사로잡히고 말았다.

그렇게 텅 빈 집 한복판에 서 있는 나를 내버려두고 그는 떠났다. 집에는 가구도 침대도 없었다. 하필 필요한 물건들을 모두 남자친구의 아파트로 보내놓은 터였다. 나는 아이들이 쓰던 방에서 이사용 깔개로 몸을 감싼 채 잠을 자야 했다. 위스키 한 병과 담배 한 갑을 샀다. 아무것도 없는 거실 벽난로에 불을 피우고, 그 옆에 웅크리고 앉아 술을 마셨다. 몇 년간 끊었던 담배를 다시 피우고, 울었다. 다음 날, 차에 올라타 내가 알던 집과 삶을 떠나면서, 나는 도로가 보이지 않을 만큼 펑펑 울었다.

인생의 대부분을 바쳐 사랑하고 믿었던 남편이 죽은 지 1년쯤 지났을 무렵이었다. 나는 여전히 매일매일 남편이 그리웠다. 그리고 여전히 매일 남편에게 화가 났다. 남편의 죽음에 대한 슬픔, 그의 배신에 대한 분노에 더해 집을 잃은 슬픔, 재정에 대한 불안, 갱년기의 널뛰는 호르몬, 그걸로 모자라 이제는 이것까지, 성치 않은 마음에 가해진 이 마지막 타격까지 감당해야 했다.

상실의 슬픔은 거친 바다에 빠져 죽는 것 같은 느낌, 머리 위로 거대한 파도가 덮쳐 아래로 잡아끄는 느낌이다. 자연이 그러하듯, 피할 수 없다.

상실의 슬픔에 잠기면 속수무책으로 배 밖으로 떨어지고 만다. 물살에 부딪히는 충격에 일시적으로 얼어붙는다. 어디로 가야 할지 가늠하지 못한다. 그저 살기 위해 물속에서 계속 발길질할 뿐이다.

반면 실연의 아픔에 잠겼을 때는 누가 나를 밀었는지 안다. 그래서 도움을 청하며 손을 내밀고, 거절당하는 순간 그 사람도 물속으로 끌어들이려고 잡아당긴다. 그마저도 실패

하면, 누구라도 나를 배 위로 끌어 올려주기만을 바라며 배 주변을 끝없이 맴돈다.

실연의 아픔을 주제로 한 책이라면 닥치는 대로 찾아 읽었다. 읽는 책마다 하나같이 내게 주의를 분산할 만한 것들을 찾아보라고 조언했다. 댄스 수업을 수강하라, 여행하라, 친구들을 만나라, 그런 것들이었다. 그러나 팬데믹에 온 세상이 멈춰버린 시점이라 모두 불가능한 일이었다. 친구들과 가족들은 이미 1년 동안 내 슬픔을 견뎌주고 있었고, 그들 또한 고립되어 있었으며 행복하지 않았다. 다시 그들에게 연락해 눈물을 터뜨리는 건 이기적인 일이었다. 모두 고통 속에 있었다. 사람들이 죽어가고 있었다. 내가 겪은 실연은 남들에게는 여름 감기만큼 대수롭지 않은 일일 수도 있었다. 그러나 그렇다고 해서 내 아픔이 덜한 건 아니었다.

읽었던 모든 책 중에 내게 도움이 된 조언이 두 개쯤 있었는데, 그중 하나는 휴대폰에 저장된 전 남자친구의 이름을 바꾸라는 것이었다. 그래야 문자메시지에서 그의 이름을 보더라도 덜 고통스러울 거라고 했다. 나는 그의 이름을 '공감 불능자'라고 바꾸었다. 가장 마음에 드는 조언이었다. 두 번째 조언은 불교 서적에서 본 것인데, 고통을 피하려 들지 말고 고통이 느껴지는 곳을 따라가보라는 것이었다. 고통이 어디서 시작되는가? 어떻게 느껴지는가? 고통을 관찰하니 고통의 원인에 관한 생각으로부터 잠시나마 벗어날 수 있었다. 그렇게 나는 고통이 가슴에서 피어나 목구멍을 타고 올라와 입 뒤편과 코로 퍼져 눈으로 흘러나온다는 걸 알아차렸다. 슬픔의 육체적 고통은 키가 크고 힘이 세고 차가운 사람이 뒤에서 나를 옴짝달싹 못 하게 끌어안아 내 안의 모든 숨을 쥐어짜는 것 같은 느낌이라면, 실연의 고통은 그보다 더 즉각적이다. 누군가가 내 가슴에 손을 찔러넣고 심장을 움켜쥔 뒤 짓이기는 것 같다.

그 이후로 인생에서 가장 어둡고 고통스러운 시간이 찾아왔다. 팬데믹으로 전 세계가 가라앉았다. 겉보기에 나는 상실의 슬픔, 배신, 트라우마, 실연의 아픔과 씨름하고 있었다. 그러나 실제 나는 나로 존재하는 걸 멈추고 싶을 정도로 몹시 고통스러웠다. 오랫동안 함께한 상담사와 줌Zoom으로 상담을 지속했다. 하지만 상담 시간 내도록 눈물 콧물을 훌쩍이며, 했던 말을 하고 또 하는 게 다였다.

모든 걸 끝내버릴까 고민한 적도 물론 있다. 약을 털어 넣고 망각에 빠져버릴까 생각한 적도 물론 있다. 지하실에 있는 와인을 모조리 마셔버릴까도 고려해봤다. 그러지 못한 이유가 무엇일까? 내가 절벽 끝에 서 있다는 걸 알고 있기 때문이었다. 아주 작은 한 걸음이면 나는 완전히 잊힐 수 있었다. 고통에서 벗어날 방법이었다. 그러나 그건 되돌릴 수 없는 최후의 방법이었다. 그리고 바로 그맘때, 내 모든 기억과 경험이 나를 둘러싸고는 그동안 내가 얼마나 많은 것을 극복하며 살았는지를 새삼 일깨워주었다. 내 고통과 사랑의 역사가 함께 모여 나를 붙잡아준 것이다. 그리고 내게는 두 청년, 내 아들들이 있었다. 이들은 나이와 상관없이 여전히 탯줄로 나와 이어져 있었다.

누구도 나를 끌어 올려주지 않으리란 걸, 누구도 나를 구하러 오지 않으리란 걸 나는 1년이 넘도록 깨닫지 못한 채, 배 주변을 빙빙 맴돌았다. 결국 나는 혼자 힘으로 헤엄쳐 해안가로 나가야 했다.

인생에 가장 긴 한 해였다. 타로술사가 했던 말이 자꾸 나를 괴롭혔다. "그 사람이 당신을 망가뜨릴 거예요."

그는 나를 망가뜨렸다. 별처럼 빛나는 눈망울을 끔뻑이

며 사랑이 모든 걸 이긴다고 믿었던 십 대 소녀를 망가뜨렸다. 인생을 살면서 다 배운 줄 알았던 모든 이정표를 그가 망가뜨리고 말았다. 내가 사랑했던 남자는 물에 빠진 나를 내버려두고 제 살길을 찾아 떠났다. 그러나 나는 그 상태로 죽지 않았고, 그럼에도 숨 쉴 수 있다는 사실을 알게 되었다. 그는 내 안에 살던 소녀를 망가뜨리는 대신 그 자리에 놀라운 걸 남겼다. 바로 성인 여자였다. 과거의 나는 물속에 가라앉았고, 물과 공기, 고통과 기쁨 사이를 오가는 양서류 같은 존재로 새로 태어난 것이었다. 두 영역을 넘나들며 살 만큼 유연하다는 것을 깨달은 존재로. 어쩌면 인어 같은.

작가 아나이스 닌Anaïs Nin의 말이 떠올랐다. "나는 틀림없이 인어일 것이다. … 깊은 물은 두렵지 않지만, 얕은 삶은 너무나 두렵다."

상실의 슬픔에 잠기든 실연의 아픔을 겪든, 앞으로 나아갈 방법은 단 하나다. 올바른 방향으로 헤엄치기 시작해서 눈앞에 해안이 보이면, 그곳에 갈 방법은 자연히 알게 된다. 물에서 나오면, 새로운 세계가 반겨준다. 나는 험난한 파도를 만나도 살아남을 수 있다는 걸 배웠다. 또 그러기 위해서 얼마나 큰 힘이 필요한지도 알게 되었다. 그래도 이제는 얕은 수영장에서 폭풍이 몰아치는 바다까지 어디서든 무엇이든 정복할 수 있다는 걸 안다. 나의 세상이 그만큼 더 커졌고, 공감 능력도 확장됐다. 고통의 바다에서 헤엄치는 사람들에게 던져주는 동정이나 조언이 결코 구명보트가 아니라는 사실도 안다. 물에 빠진 사람에게 물의 소중함을 강조하면 안 된다는 걸 깨달은 것이다.

진짜 돈

모르긴 몰라도, 밴 내부 온도가 38도에 육박했을 것이다. 헤어라인과 윗입술 주변에 땀방울이 맺혔고, 손바닥이 땀으로 끈적거렸다. 무엇보다 땀 때문에 망할 모직 스타킹을 신는 게 몹시 힘들었다. 밴 뒷좌석은 휘발유 냄새, 화장품 냄새, 양파 냄새로 뒤범벅되었고, 그 안에서 제시카Jessica와 나는 이리저리 부딪히며 옷을 갈아입고 있었다. 그때 창문 두드리는 소리가 들렸다.

"최대한 서두르고 있어요!" 제시카가 외쳤다. 우리는 열다섯 번째 의상을 갈아입는 중이었다. 사진작가는 달라질 빛의 각도를 걱정하고 있었다. 그런데 고개를 들어보니, 창밖에 서 있는 사람은 사진작가가 아니었다. 반쯤 벗은 우리 둘을 쳐다보며 웃고 있는 건 십 대 이탈리아 남자애 셋이었다. 미국인 모델인 제시카는 공포에 질린 표정으로 재빨리 등받이 뒤로 웅크리며 니트 원피스로 몸을 가렸다. 나는 남자애들이 있든 말든 화장이 번지지 않게끔 앙골라 스웨터 목을 넓게 벌려 조심조심 머리를 집어넣었다. 그랬는데도 땀에 젖은 얼굴에 가느다란 앙골라 털 가닥이 달라붙어 재채기가 났다.

우리는 한여름 땡볕이 내리쬐는 로마의 광장 한복판에서 겨울 외투 화보 촬영을 하고 있었는데, 모델 다섯 명에게 주어진 탈의실이라고는 승합차 한 대가 전부였다. 빨리 하루가 끝나고 찬물로 샤워할 시간이 오기만 바랄 뿐이었다.

1980년대에 카탈로그 촬영은 모델의 밥줄이었다. 촬영 현장은 무덥거나 춥거나 불편하거나 정신이 아찔할 정도로 지루했지만, 수입은 짭짤했다. 그때는 모든 모델이(물론 톱모델들도) 카탈로그 촬영을 수없이 했다. 지금 이베이eBay에 들어가서 당시 유명했던 모델과 카탈로그를 검색해보면 보물을 찾을 수 있을 것이다. 카탈로그 촬영은 좋은 돈벌이였고, 찍을 수 있는 카탈로그도 아주 많았다.

잡지 표지 모델이 되는 건 명예로운 일이었지만, 다른 촬영에 비해 보수는 가장 적었다. 표지 촬영 여부와 관계없이 에디토리얼 촬영은 일당이 100달러였다. 수입이 가장 좋은 건 광고 촬영이었다. 하지만 광고는 대개 유명 모델에게 돌아갔기 때문에 광고를 찍으려면 부지런히 에디토리얼 촬영을 해서 얼굴을 알려야 했다.

그 당시에는 모델 업계가 어떻게 돌아가는지 제대로 알지 못했다. 그저 에이전트가 잡아주는 대로 스케줄을 소화했다. 모델 일이 좋은 건 전혀 아니었지만, 스웨덴을 벗어나 다른 곳에서 사는 것도, 혼자 사는 것도 좋았다. 쓸 돈이 있는 삶도 좋았다.

파리에 사는 십 대 소녀였던 나는 어느 순간 엄마와 아빠의 1년 수입을 합한 것보다 더 많은 돈을 벌었다. 학교가 대수가 아니었다. 운이 따를 때 그 운을 잡아야 했다.

파리에 처음 도착했을 때 에이전시에서 아파트를 마련해주고 월세를 내주었다. 스웨덴에서 파리로 가는 비행기 티켓도 끊어주었고, 여러 사진작가에게 받는 테스트 촬영 비용, 사전 미팅에 사용한 수백 장의 포토 카드 비용도 대주었다. 얼굴에 여드름이 나면 피부과 진료를, 치통이 생기면 치과 진료를 잡아주었다.

이들이 선의를 베풀었던 건 아니다. 에이전시는 모델에게 모든 비용을 청구했고, 급여에서 이를 제했다. 그러니까 모델들이 각자 일감을 따내서 결국엔 모든 비용을 갚을 날을 희망하며 돈을 빌려주는 것이었다. 우리에게는 바우처에 해당하는 작은 책자가 하나씩 주어졌다. 우리는 일할 때마다 일한 시간과 일당을 바우처에 기입해 고객의 서명을 받았고, 그걸 에이전시에 제출했다. 혹시라도 고객의 서명을 받는 걸 깜빡하면 그날은 운도 급여도 날리는 셈이 됐다. 에이전시는 우리가 벌어오는 수입에서 수수료 20퍼센트와 우리에게 지출한 모든 비용을 공제했고, 남은 금액을 월말에 급여로 지급했다. 여름방학에 파리로 향했던 수많은 여자애가 결국 에이전시에 절대 갚을 수 없는 큰돈을 빚진 채 파리를 떠났다.

나는 운이 좋았다. 모델로 데뷔하자마자 여러 곳에서 날 찾았다. 나는 많은 돈을 빠르게 벌었다. 월말에 급여를 받으면 거의 손대지 않고 고스란히 모았다. 은행 계좌를 개설하라고 말해주는 사람은 없었고, 그래야 하는지도 몰랐다. 현금을 받는 족족 서랍 안에 차곡차곡 넣어두었다. 그리고 크리스마스 휴일이 다가왔다. 거액의 현금을 다른 나라로 반출하는 게 불법이라는 사실을 그제야 알게 되었다. 나는 누군가에게 선물로 받은 곰 인형 머리를 뜯어서 그 안에 지폐를 집어넣고 도로 꿰맸다. 그 곰 인형을 스웨덴으로 가져가 그동안 모은 돈을 엄마에게 드렸고, 그 돈으로 엄마는 집을 샀다. 그때 나는 고작 열일곱 살이었는데, 내 수중에는 스웨덴 교외의 아담한 집을 사기에 충분한 돈이 있었다.

돈이 싸구려 장난감 속을 채울 종잇장 이상의 의미를 갖게 된 건 뉴욕으로 온 이후다. 뉴욕 에이전시 소속의 회계사들은 내게 비즈니스 매니저를 구하라고 조언했다. 그렇게 나는 기념품이 가득한 한 사무실에서 상냥한 남자를 만났고, 그는 친절하게도 나를 고객으로 받아주겠노라고 말했다. 그의 회사에서 내 모든 청구서를 처리하고 내게는 용돈을 주기로 했다. 주머니가 넉넉해진 나는 맨해튼 시내에 근사한 아파트를 월세로 구하고 접이식 침대를 들였다. 그러고는 내 인생에서 가장 비싼 물건인 베이비 그랜드피아노를 구입했다. 샴 고양이도 한 마리 들였다. 내게 필요한 전부였다.

남편을 처음 만났던 열아홉 살 때 나는 이미 자취 4년 차였고, 늘 내 곁에는 에이전시든 비즈니스 매니저든 옆에서 재정 문제를 돌봐주는 사람이 있었다. 그런 삶이 만족스러웠다. 나는 스웨덴에서 아주 궁색하게 살아봐서 돈으로 행복을 살 수 없다는 걸 일찍이 깨달았고, 그 덕에 돈에는 큰 관심을 두지 않았다. 릭을 만나고 3년이 지난 뒤부터는 내 비즈니스 매니저와 회계사를 떠나 릭의 회사를 이용하기로 했다. 그는 자기 회사가 더 낫다고 했고, 나는 그의 말에 왈가왈부하지 않았다. 우리는 결혼 1년 전에 함께 주택 담보 대출을 받아 그래머시에 집을 샀다. 그런데 우리가 결혼 얘기를 꺼내자마자 비즈니스 매니저들을 비롯해 내 모델 에이전트, 릭의 음악 매니저 등 주변의 모두가 우리에게 혼전 계약서를 작성하라고 조언했다. 남편은 이를 거절했다.

"실패를 염두에 두고 결혼한다는 건 아주 끔찍해. 혼전 계약서는 없어."

그이의 말에 전적으로 동의했다. 나는 평생 이 남자의 아내로 살 것이었다. 그러니 혼전 계약서가 왜 필요하겠는가? 릭이 앞선 두 차례의 결혼 생활을 이혼으로 끝냈다는 사실 따위는 떠오르지도 않았다.

그리고 30년 뒤, 우리 부부는 이혼 소송에 휘말렸다. 처음엔 이혼이 수월할 줄 알았다. 아니 적어도 복잡할 건 없으리라고 생각했다. 모든 걸 반반씩 나누면 될 것이었다. 그렇지 않은가?

하지만 아주 비싼 돈을 들여 이혼 변호사를 고용하면 모든 게 복잡해진다. 양측 변호사들은 자기 의뢰인을 설득한다. 배우자가 바람을 피우고 있다고, 그들이 너무나 많은 것을 원하고 있다고. 그렇게 몇 달 동안 양측은 각자 조건을 제시하고 거절하길 반복한 다음에야 마침내 서류를 세세히 들여다보게 된다. 상대에게 터무니없는 양보를 요구하고, 상대방은 이를 재차 거부하고 또다시 터무니없는 양보를 요구한다. 이런 일이 몇 달, 심지어 몇 년간 계속된다. 상황은 추하고 지저분해진다. 부부 사이에 사랑과 온기가 얼마나 남았든 결국 허물어지고 만다. 그렇게 이삼 년이 흐르면 판사는 모든 걸 반씩 나누라고 판결한다. 결국 부부는 변호사에게 아주 값비싼 새 테니스 코트를 마련해준 꼴이 된다.

우리 부부의 경우, 모든 게 물거품이 되었다. 릭은 이혼 소송을 시작한 지 얼마 지나지 않아 사망했다. 그리고 큰 수술을 받기 몇 주 전에 변호사의 조언을 받아 작성한 유언장에 성급히 서명했다. 유언장에 그는 내가 자신을 '유기'했다고 주장하며 상속인 명단에서 나를 제외했다. 그 후로 2년 동안 나는 이제 릭의 신탁 관리자인 내 비즈니스 매니저를 비롯해 릭의 상속자인 내 아들들과 의붓자녀들을 상대로 소송을 제기해야 했다. 합의를 제안받기까지 2년이 걸렸다. 그 2년 사이에 나는 평생 돈에 관해 알던 것보다 더 많은 걸 배웠다. 그동안 내 수입에 전혀 신경 쓰지 않고 살았던 탓에 더욱 혼란스러웠다. 릭이 사망하고 그의 유산 합의금이 나오기까지 2년 동안 내 수중에 현금, 그러니까 생활비로 쓸 돈이라고는 캐시 아웃 재융자로 융통한 게 전부였고, 그마저도 이미 팔려고 내놓은 집을 담보로 한 융자였다.

남편과 사랑에 빠졌던 당시 나는 스무 살도 안 된 십 대였고, 어쩌다 시작한 모델 커리어는 정상을 향해 치닫고 있었다. 딱히 모델을 꿈꾼 적도 없었고, 성공을 위해 굉장한 노력을 한 것도 아니었다. 그냥 에이전트에서 잡아준 일을 하러 나갔다가 일에 따라오는 혜택과 보상에 감탄한 게 다였다. 내게는 성공하는 모델이 되겠다는 전략도 목적도 계획도 없었다. 그저 일이었다. 내 인생에 가장 중요한 것, 바로 사랑을 위해 다른 모든 걸 포기하는 게 조금도 어렵지 않았다. 어릴 적 나를 피해갔던 사랑을 나는 인생에서 가장 의미 있는 것으로 여겼다.

결혼 생활을 하는 내내 나는 온 마음을 다했다. 내가 사랑하는 사람은 예술가라 아침 일찍 일어나는 일, 무언가를 준비하는 일, 장보러 가는 일 같은 일상적인 집안일을 좋아하지 않았고, 그런 그를 돌보는 건 내 몫이었다. 나는 처음엔 남편과 그의 식구들을, 나중엔 우리가 낳은 아이들을 돌보았다. 물론 돈이 있어서 한결 수월했다. 우리 부부는 오페어au pair(가정에 입주해 집안일을 거들며 언어를 습득하는 외국인 유학생—옮긴이)와 가사 도우미를 두었다. 그래도 육아를 비롯한 집안 살림은 여전히 내 인생의 중심이었고, 그건 내가 내 의지로 기꺼이 선택한 것이었다.

모델 일이나 연기 제안이 들어올 때면, 그 일이 릭의 기분과 그의 스케줄에 방해되지 않을지를 먼저 고려해야 했다. 내게 들어오는 일 중에는 멍청하다거나 치욕적이라며 릭이 싫어할 만한 것들도 있었다. 이를테면 러브신이 있는 영화가 그랬고, 모델 일 대부분이 그랬다. 처음에는 그에게 맞섰다. 내 육체미도 남편의 재능이 벌어들이는 수입에 비견할 만한 돈을 벌어왔으니 말이다. 그러나 결국엔 행복한 결혼 생활을 유지하려면 내가 하고 싶은 걸 포기해야 한다는 사실을 깨달았다. 그리고 나는 기꺼이 포기했다. 내 커리어보다 사랑이 더 중요했으니까.

그래도 여전히 많은 돈을 벌었다. 1988년 에스티로더와 일할 땐 당시 모델로서 최고 계약금을 받았다. 그 돈은 모두 가족 통장으로 들어갔다. 그 돈이 저축에 쓰였는지, 지출에 쓰였는지, 아니면 투자에 쓰였는지 나는 아무것도 몰랐다. 내가 번 돈의 쓰임새가 언급되는 일은 좀처럼 없었다. 릭이 버는 돈은 언제나 중요한 돈이었고, 내가 버는 돈은 그냥 있으면 좋은, 시시한 쌈짓돈 취급을 당했다. 우리가 같은 액수의 돈을 벌어도 마찬가지였다. 중요한 돈은 릭이 벌어오는 돈이었다. 그는 우리 집 '가장'이었다. 우리 비즈니스 매니저는 우리 부부의 재정 문제를 늘 남편과 상의했고, 나는 나중에 남편이 간략하게 요약한 한마디로 상황을 전해 듣는 게 전부였다. 그이는 늘 걱정할 것 없다고 말했다. 나는 걱정할 필요가 없어서 참 좋았다.

내가 사십 대 중반에 접어들자 모델로서의 커리어가 심각하게 곤두박질치기 시작했다. 릭과 매니저는 인정하기를 꺼렸으나, 우리 가족이 수년간 내 수입에 의존해 생활해 왔다는 사실이 점점 뚜렷해졌다. 2010년, 결국 비즈니스 매니저는 우리 부부에게 분에 넘치는 생활을 하고 있다며 생활비를 줄여야 한다고 조언했다.

그 이후로 아이들과 나는 이코노미석을 탔다. 하지만 릭은 계속 일등석을 타고 다녔다. 나는 새 옷을 사지 않았고, 낮에 일하고 와서도 저녁이면 식사 준비를 했다. 남편이 종일 비디오게임을 하는 날에도. 그이가 창조의 원천으로 삼는 자기만의 세계를 회복하기 위해, 또 에너지를 재충전하기 위해 게임을 한다는 게 왠지 당연해 보였다. 쌈짓돈을 벌고 이제 막 집에 온 나보다는 그의 휴식이 더 중요했다.

우리 부부의 관계가 무너지기 시작할 무렵에도 나는 여전히 결혼 생활에 충실했다. 적어도 늘 나보다 릭과 아이들이 우선이었다. 이혼 절차를 시작하면 내 생활수준도 크게 흔들릴 걸 알고 있었다. 그러나 쉰세 살이 된 내가 더는 일할 수 없다는 사실이 아직 실감 나지 않았다. 내가 받은 교육이라고는 발정 난 남자들의 성희롱을 피하면서 카메라 앞에서 멋진 포즈를 취하는 게 전부였으니까. 그래도 30년의 결혼 생활을 하면서 우리가 모은 재산의 절반이라면 '내게 익숙한 생활 방식'은 아니더라도 사는 데 큰 지장은 없을 터였다.

나는 우리 부부가 중재인을 끼고 우호적으로 갈라질 줄 알았다. 하지만 남편은 무자비하기로 유명한 변호사를 선임했고, 그 바람에 나도 그에 상응하는 사람을 구해야 했다. 법률적으로 명확한 상황에서 재산 분할로 싸운다는 게 내 눈에는 무의미해 보였다. 돈 들이지 않고 우호적으로 갈라서든 거금을 들여 모질게 갈라서든, 어차피 절반씩 나눠 갖게 될 게 뻔했으니까.

　이때도 우리는 여전히 한집에 살고 있었다. 함께 밥을 먹고, 친구들과 함께 어울리고, 방학에 아이들이 집에 오면 부엌에 다 같이 둘러앉아 텔레비전을 보고 잠자리에 들었다. 서로의 남편과 아내는 아니었지만, 우리는 여전히 가족이었다. 내게는 남자친구가 있었고, 그도 여자들을 만나고 다녔다. 그래도 우리는 친구였다. 적어도 나는 그렇게 생각했다.

　변호사를 통해 몇 차례 고약한 대화를 주고받고 난 이후, 나는 자존심을 버리고 그이에게 이렇게 지저분하게 헤어지지 말자고 애원했다. 그이는 순순히 내 말에 동의했다. 우리 부부는 이혼중재인에게 절차를 맡기고 서로에게 더는 안 좋은 모습을 보이지 말자고 했다. 그리고 가까운 곳에 각자의 집을 구하자고 했다. 집을 비울 때 서로의 반려동물을 봐주자고. 명절을 같이 보내자고. 일주일에 한 번씩 저녁을 함께 먹자고. 그리고 우리는 포옹했다. 내게 그가 필요할 때 그가 있어줄 터였다. 그에게 내가 필요할 때 곁에 있어줄 것이었다. 우리는 여전히 함께 사는 동안에 집을 매물로 내놓았다.

불과 몇 달 뒤, 휴가 중에 그이의 전화를 받았다. 릭은 곧 수술을 받는다는 소식을 전했고, 나는 그에게 곁에 있어주겠다고 말했다. 여행 일정을 변경해 일찍 집으로 돌아왔다. 내가 잘하는 일, 누군가를 돌보는 일을 할 시간이었다.

그리고 남편이 죽었다. 수술을 몇 주 앞두고(그를 돌보기 위해 집에 돌아왔던 때) 그는 나와의 관계를 부인하는 유언장을 쓰고 서명했다. 내가 그를 유기했다고, 유언장에는 그렇게 쓰여 있었다. 갑자기 나는 공동 재산의 절반이 아니라 3분의 1만 소유할 수 있게 됐다. 이혼할 때는 한쪽 배우자가 재산을 숨기거나 변경하는 게 허용되지 않는다. 그러나 사망 시에는 유언장에 어떤 내용을 담든 무관하다. 법적으로 사망은 이혼보다 우선한다. 우리 비즈니스 매니저가 남편의 유산 관리인으로 지정되었고, 이 또한 합법이었다. 그러나 나는 유산 상속인 명단에서 완전히 제외되었고, 그 결과 내 비즈니스 매니저이기도 했던 사람이 이제는 내 아들들을 대신해 내 반대편에 서게 되었다.

죽은 남편의 배우자로서 집 두 채와 연금 플랜을 모두 상속받았다. 집 두 채는 모두 엄청난 대출이 잡혀 있었고, 연금은 향후 십 년간 손댈 수 없었다. 자산은 있지만 현금은 없는 상황이었다. 최대한 빨리 집 한 채를 팔아야 했다. 그러나 세계를 휩쓴 팬데믹이 막 시작되던 때였고, 뉴욕은 그 중심에 있었다. 너도나도 뉴욕을 떠나는 바람에 부동산 가치는 급락하고 있었다.

아주 성공적인 커리어와 30년의 결혼 생활 끝에 나는 쉰네 살이 되어 있었다. 그런 내게 직업도, 구직 가능성도, 막대한 세금을 해결할 능력도 없었다. 공식적으로 '은퇴할' 나이가 될 십 년 뒤까지 현금이 나올 구멍이 없었다.

커리어보다 아이들을 우선순위에 두고 살았던 지난날을 절대 후회하지 않을 것이다.

그러나.

나중에 보니 둘 다 잘 해내는 것도 얼마든지 가능한 일이었다. 하루는 친구와 늦은 저녁에 집에서 와인을 마시며 대화를 나눴다. 친구가 최근에 첫 아이를 낳은 터라 육아에 관한 이야기를 하게 됐다. 그 친구는 부모님을 향한 사랑을 표하며 자기 부모님이 자녀 양육을 정말 잘했다고 말했다.

내가 알기로 그 친구의 아버지는 대기업 유명 CEO, 어머니는 가정주부였다. 그래서 실제 육아 분담이 어땠는지 궁금했다. "음, 거의 똑같이 하셨어"라는 친구의 대답에 나는 충격을 받았다. 그게 가능할 리 없을 텐데. 그러나 친구는 정말로 부모님이 공평하게 육아를 분담했다고 생각하는 듯했다. 그 순간, 내 지난 인생과 커리어 선택이 주마등처럼 스쳤다. 나도 아이들에게 결핍을 느끼게 하지 않으면서 내 커리어를 이어나갈 수 있었던 걸까? 아들들에게 나나 남편 중에 한 사람이 양육에 더 많은 시간을 쏟았다고 생각하느냐고 물었다. 아이들은 "비슷했던 것 같다"고 대답했다. 한편으로는 다행이었다. 남편과 내가 함께 아이들에게 안정적인 기반을 제공했다는 의미였고, 우리 아이들이 부모의 빈자리를 느끼지 않았다는 의미였기 때문이다. 그러나 다른 한편으로는 이런! 내 커리어를 위해 더 많은 시간을 할애했더라면 좋았을 텐데 하는 아쉬움이 들었다.

육아에만 전념하겠다고 마음먹는 게 잘못이라는 얘기가

아니다. 육아에 올인하는 건 정말로 매우 힘들면서도 가장 보람된 일이다. 아이들이 어렸을 때를 돌아보면, 촬영하러 집 밖으로 나가는 게 내 휴가였다. 하지만 결혼 후 전업주부 엄마로 산다면 감정적 보상밖에 주어지지 않는 것도 사실이다. 풀타임으로 일한 대가가 끈적거리는 뽀뽀와 먼 훗날 양육의 절반을 담당했다는 인정뿐이라면, 그 일을 기꺼이 맡으려는 남자가 몇이나 될까?

어린 시절의 내게 무슨 말을 해주고 싶냐는 질문을 받을 때가 있다. 밴의 뒷좌석에서 낑낑대며 스타킹을 신던 그 소녀에게, 작은 종이 바우처로 급여를 받고 한 달에 한 번씩 그 돈을 현금으로 바꿔 곰 인형에 쑤셔넣던 그 소녀에게, 십 대 시절 생각했던 돈의 개념을 그대로 가지고 몸만 커버린 그 소녀에게 어떤 조언을 건네야 할까? 몇 년 전까지만 해도 나는 이런 조언을 건넸을 것이다. "너무 스트레스 받지 마. 다 괜찮을 거야."

그러나 이제는 아니다.

그래, 혼전 계약서를 작성했으면 좋았을걸. 내 돈을 따로 관리했더라면 좋았을걸. 일을 그만두지 말걸. 무엇보다 내 권한을 다른 사람에게 넘기지 말걸. 나는 남편을 믿었다. 나는 남편이 모든 면에서 나를 올바른 방향으로 이끌어줄 거라고 믿었기에 헌신했다. 남편의 사랑을 받기 위해 일도, 친구도, 심지어 내 호불호까지 포기했다. 나 자신을 지우면 훗날 내가 가장 필요한 순간에 내가 어떤 사람인지조차 모르게 된다는 가르침을 나는 이렇게 호되게 배웠다. 나는 나름의 선택을 해왔고, 그 선택의 결과를 보고 있다.

배울 필요가 없었더라면 좋았을 교훈을 얻으며 3년이라는 고통스러운 시간을 보냈다. 이제 나는 내 가치를 안다. 앞으로는 절대 내 가치를 타협하지 않을 것이다.

충격

    커피를 한 주전자 더 끓였다. 릭은 커피에 4분의 3 티스푼의 설탕을 넣고 특정 베이지 빛깔이 돌 때까지 적절한 양의 우유를 타 마셨다. 나는 안쪽에 흰색 법랑 코팅이 된, 검은색 얇은 머그잔을 꺼냈다. 릭이 가장 좋아하는 머그에 커피를 따르고 우유와 설탕을 더한 다음 계단참 두 개를 올라 그의 침실로 향했다.

    릭은 수술을 받고 퇴원해 집으로 돌아온 뒤로 줄곧 아침 일찍 일어났는데, 어느덧 오전 열한 시가 되어 있었다. 침대로 커피를 가져다주면 그이가 좋아할 것 같았다.

    릭이 쓰는 침실은 예전에 우리가 함께 쓰던 안방이었다.

28년 동안 우리는 이 방을 함께 썼다. 그러나 뭇 중년 남성들처럼 릭도 밤새 코를 골면서부터 손님용 방에서 자기 시작했다. 그것이 우리 둘 다 숙면할 방법이었다. 릭이 퇴원하고 집에 왔을 때 나는 릭에게 안방을 내주고 내 물건을 챙겨 위층 손님방으로 갔다. 안방 침대가 더 크고 편한 데다 안방에는 욕실도 딸려 있었기 때문이다. 그렇게 하는 게 옳았다. 그맘때 우리는 갈라선 지 2년째였고, 우리는 (내 생각에) 단짝 친구처럼 한집에 살고 있었다.

우리가 쓰던 안방은 천장이 높고 넓었으며, 정중앙에는 짙은 색 원목 슬레이베드sleigh bed(썰매 모양의 다리가 달린 고풍스러운 디자인의 침대―옮긴이)가 놓여 있었다. 방문을 열고 들어가니 커튼은 이미 걷혀 있었다. 창으로 들어오는 햇살에 그의 손가락에서 반짝 빛이 났다. 그가 결혼반지를 뺀 뒤 끼고 다니던, 아르데코 스타일 이집트 반지에 반사된 빛이었다. 릭은 자고 있었다. 언제나처럼 똑바로 누워 한 손을 우아하게 턱 밑에 끼우고, 창문을 향해 고개를 살짝 돌린 자세로.

침대 옆 협탁에 커피를 내려놓았다. 협탁에는 곽 티슈와 안경이 있었고, 두 살, 여섯 살 아들의 모습이 담긴 폴라

로이드 사진 한 장이 전등을 받침대 삼아 세워져 있었다. 15년간 그 자리에 있던 사진이었다. 나는 사진에서 고개를 돌려 그의 어깨에 손을 살짝 갖다댔다. 그 순간 그의 눈이 보였다.

그이의 눈 같지 않았다. 나는 그의 눈이 어떤지 너무나 잘 알고 있었다.

그의 얼굴을 만져보았다. 차가웠다.

나는 그만 다리에 힘이 풀려 그대로 무너져 내렸다. 바닥에 주저앉아 숨을 헐떡였다. 릭이 큰 수술을 받은 건 사실이지만, 수술 결과가 좋았다. 그이는 회복하는 중이었다. 건강을 되찾는 중이었다. 이럴 수는 없었다.

얼마나 오랫동안 바닥에 앉아 있었는지 모르겠다. 일 분이었는지, 아니면 한 시간을 그러고 있었는지.

내 인생이었던 유람선의 갑판에 서 있다가 한순간 보이지 않는 파도에 휩쓸려 바다로 떨어진 듯한 느낌이었다. 얼음장처럼 차가운 검은 바닷물이 나를 집어삼키는 것 같았다. 하지만 뒤이어 밀려온 작은 파도들 덕분에 미지의 바다 깊숙이 침잠하지 않고 정신을 차렸다. 아이들에게 알려야 했다. 아래층으로 내려가야 했다. 다리를 움직여야 했다. 이

대로 가라앉아서는 안 됐다.

앞으로 해야 할 일들이 머릿속에 주르륵 펼쳐졌다. 나는 속으로 되뇌었다. '아이들에게 이렇게 말을 꺼내야 해. "얘들아, 끔찍한 소식이 있어" 침착해야지. 아이들을 위해서라도 괜찮은 척해야지.'

일어나 걸으라고 나 자신에게 명령했다. 침대 모서리를 붙잡고 몸을 일으켰다. 그러나 다리에 무게를 실으려고 해도, 다리에 감각이 느껴지지 않았다. 다리가 맥없는 국수 가락 같았다. 도무지 일어설 수 없었다.

다리가 말을 듣지 않는 건 굉장히 이상한 느낌이다. '다리가 풀렸네' 하고 생각했다. 뇌는 분할 화면 같았다. 기능을 멈춰버린 내가 있었고, 상황을 내게 설명하는 또 다른 내가 있었고, 그럼에도 여전히 기능하지 않는 내가 있었다. '그게 이 말이구나. 이 말이었어. 다리가 풀렸어. 이런 말을 들어본 적이 있지. 너무 이상해. 그게 이 말이었어.'

도무지 일어날 수 없겠기에 팔꿈치와 배를 바닥에 대고 기어서 계단참 세 개를 내려갔다. 내가 무슨 소리를 내고 있었지만, 무슨 소리인지 인식할 수 없었다. 내가 아는 거라고는 아들들을 찾아야 한다는 사실뿐이었다.

큰아들 조녀선과 아들의 여자친구가 부엌 식탁에서 모닝
커피를 마시고 있었다. 내 머릿속 분할 화면의 내레이터는
단호했다. 이런 식으로 바닥을 기는 꼴을 아들에게 보일 수
없다며 "당장 일어나"라고 내게 명령했다. 나는 마지막 계
단에서 난간을 붙잡고 팔과 어깨에 온 힘을 실어 몸을 반듯
하게 일으킨 다음 죽을힘을 다해 버티고 섰다.

조녀선이 나를 보자마자 눈이 커졌다.

"아버지가 돌아가셨어."

입에 물고 있던 구슬을 뱉듯 말이 툭 쏟아져 나왔다. 찰나
의 그 끔찍한 순간, 조녀선이 나를 쳐다보는 동안 시간이 멈
추었다. 그 눈빛이 전부였다. 조녀선은 비명을 질렀다. 아들
은 비명을 지르며 부엌에서 뛰쳐나와 나를 지나쳐 계단을
뛰어올라갔다. 나는 아들을 따라 다시 기어갔다.

작은아들은 안방보다 한층 더 위에 있었는데, 형의 비명
에 아래층으로 뛰어 내려왔다. 나는 한마디도 덧붙일 필요
가 없었다. 어떤 기이한 초능력인지 올리버는 내 얼굴을 한
번 쳐다보고는 계단 전체를 단걸음에 뛰어 내려왔다.

다시 안방으로 돌아와 보니, 아들들은 남편 곁에 서 있었
다. 한눈에 상황을 파악한 조녀선이 억제할 수 없는 고통을

비명으로 내쏟았다.

올리버는 말이 없었다. 제 아버지를 향해 몸을 기울이고 가만히 서 있었다. 아버지의 얼굴을 어루만지고 손을 쓰다듬었다. 제 아버지의 눈동자와 벌어진 입술을 과학자라도 되는 양 빤히 쳐다보았다. 올리버가 나중에 말하길, 그때 상황을 돌이킬 방법을, 죽음을 되돌릴 방법을 생각하고 있었다고 했다. 그때 올리버는 그게 가능하다고 여기고 있었다. 그 상황을 어떻게든 해결하려고 애쓰고 있었다.

남편은 그렇게 11월 15일 자다가 세상을 떠났다. 릭은 암에 걸렸지만, 수술을 받고 퇴원해 집에 왔다. 그가 죽으리라고는 전혀 예상하지 못했다. 암은 0기였고, 수술 후 잘 회복하던 중이었다. 일어날 수 없는 일이었다. 그의 나이는 겨우 일흔다섯이었다.

일주일 내내 사람들이 집에 모였다. 출처 모를 음식이 자꾸 나타났다. 시간은 이제 평소와 다르게 존재했다. 아침과 밤이 있었고, 그 사이의 시간은 아무렇게나 앞뒤로 왔다 갔다 하며 제자리에 멈춰 있었다. 장례식 전날, 친구 트레이시 Tracy가 내게 몸을 씻고 머리를 감고 이도 닦고 오라고 속

삭였다. 일주일 동안 잘 씻고 있었던 것 같은데, 아니었나 보다.

내 주변 세상은 더 이상 내가 알던 식으로 존재하지 않았다. 아니, 모든 게 그대로인데 내가 더 이상 이해하지 못하게 되었는지도 모른다. 책상은 더 이상 책상이 아니라 그저 내가 피해 가야 할 대상이었다. 정신을 차려 보면 냄비와 숟가락을 들고 가스레인지 앞에 서 있기도 했는데, 내가 왜 거기 서 있는지, 어떻게 왔는지, 냄비와 숟가락으로 무얼 하려고 했는지 멍하기만 했다. 내 주변의 모든 것은 의미 없는 형상이 되었다. 그저 장애물이었다.

이때의 기억은 그 무엇도 전혀 신뢰할 수 없다. 그래머시에서 더치스 카운티Dutchess County까지 몇 번이나 다녀왔더라? 운전은 누가 했지? 밥은 무얼 먹었고, 거기에 누가 있었나? 이때의 기억 중에는 유리 파편처럼 툭 튀어나오는 것들, 여전히 내 피부를 뚫을 듯 날카로운 것들도 있다. 이를테면, 헤드폰에서 끊임없이 흘러나오던, 릭이 날 위해 마지막으로 만들어주었던 노래, 친구들의 부축을 받으며 흐느끼던 조너선의 모습, 부엌 식탁 위에 놓인 견과 믹스 한 그릇, 남편의 수의를 직접 고르던 장면, 옷장 속 가지런히 정리된 그의 신발, 그 신발들이 그렇다! 그러나 이때의 다른 기억들은 진흙탕처럼 뒤죽박죽 분간이 안 된다. 다른 현실 속에 사는 듯한 느낌, 짙은 안개 속에 갇힌 느낌은 석 달간 지속됐다.

스스로 털고 일어나야 했다. 불가능한 일이었지만 어쨌든 나도 그러려고 했다. 아들들을 위해서라도 강해져야 했다. 아이들도 나와 같은 지옥에 떨어진 상황이었다. 아이들이 없었더라면 나는 주저앉아 몸을 흔들며 울부짖었을 것이다. 그맘때 내가 실제로 잘할 수 있을 것 같은 일이라고는 이것뿐이었으니까.

바닥에 앉으면, 큰 흥얼거림 같은 이상한 소리가 몸 밖으로 새어나왔다. 생각해보니 출산할 때 냈던 것과 비슷한 소리였다. 고통의 신음 같기도 했고, 소 울음소리 같기도 했다. 몸 밖으로 빠져나오지 못한 내면의 고통이 길고 떨리는 음의 형태로 구현된 것이었다. 나는 팔짱을 끼고 턱을 가슴에 묻었다. 몸통을 최대한 작고 둥글게 공처럼 말고 웅크려 내 몸을 보호했다. 그러고는 몸을 앞뒤로 흔들며 울었다. 내 몸을 똘똘 뭉치려고 했다. 내 전부를 꾹꾹 누르고 싶었다.

몸을 펴고 팔을 내리기라도 하면 영혼이 몸에서 빠져나가 증발해버릴 것만 같았다.

출산의 고통과 상실의 고통은 인간을 짐승으로 전락시킨다. 출산은 육체의 고통, 상실은 정서의 고통이다. 이러한 고통은 판단 능력을 모두 앗아간다. 우리는 그저 시간과 고통에 매달린 채 존재한다. 그 외에는 무엇도 중요하지 않다. 현실은 고통뿐이다.

미쳐버릴 것 같았다. 나만 외따로이 다른 우주에 있는 것 같았다. 나를 이끌어줄 빛, 나를 잡아줄 손이 절실했다. 언제나처럼 나는 책을 통해 위안을 얻으려 했다. 그러나 어떤 책을 펼치든 글자가 눈에 들어오지 않았다. 글자들이 튀어올라 마구잡이로 재배치되어 얼토당토않은 문장을 만들었다. 가끔은 책장을 넘기다 말고 '아, 스웨덴어로 쓰여 있어서 내가 이해를 못 하는구나' 하고 생각했다. 그러나 이는 사실이 아니었다. 영어, 체코어, 스웨덴어, 어떤 언어로 쓰였든 마찬가지였다. 어떤 책을 펼쳐도 그 안에 적힌 문장들은 내가 모르는 단어들로 재배열되었다.

그래도 시간이 흐르면서 이런 증상은 가라앉았고, 책을

읽기 시작하며 내가 상실의 고통을 겪은 자의 경험담만 읽고 싶어 한다는 걸 깨달았다. 내가 느끼는 감정을 다른 사람들은 어떻게 받아들였는지 알고 싶었다. 나를 안내해줄 빛과 손이 필요했다. 하지만 대부분의 책은 상실의 슬픔이란 갈 곳 잃은 사랑이므로 감사히 여기라거나, 가만히 앉아 고통을 온전히 느끼며 충분히 슬퍼하라고 말했다. 그 당시 그런 글들은 같잖게 느껴졌다. 짙은 안개와 막막한 고통에서 나를 꺼내주기는커녕 오히려 화를 돋울 뿐이었다. 그래도 혼자가 되지 않으려고 책에 매달렸다. 내게는 친구가 필요했다. 내가 겪고 있는 일을 이해하는 사람들과 함께하고 싶었다. 그러나 책에서 얻은 건 진부한 말들뿐이었다. 물론 분명 좋은 의도였겠지만, 같은 말을 보고 또 보니 이런 생각만 들었다. '지옥으로 가는 길은 선의로 포장되어 있다.' 어둠 속에 내던져진 내가 얻고자 한 건 외로움을 덜어줄 따뜻한 빛이었다. 그 빛에 관한 묘사가 아니라.

내 이야기를 나누는 건 내가 여러분에게 한 줄기 빛이 되어주고 싶어서다. 큰 빛은 아니다. 내가 여러분을 구해줄 수도, 여러분의 상황을 해결해줄 수도 없다. 그러나 내가 여기에 양초를 들고 서 있음으로써 여러분이 혼자가 아니라는 사실을, 앞길을 헤쳐 나갈 수 있다는 사실을 알게 되었으면 좋겠다.

여러분이 지금 어둠 속에서 몸통을 흔들며 울부짖고 있다면, 내가 당신과 함께라는 걸 부디 알아주길 바란다.

용기

맨해튼에서 브루클린까지 45분간의 지하철 여정을 준비하기 시작했다. 나는 쉰세 살의 나이로 〈스포츠 일러스트레이티드〉 누드 화보 촬영을 하러 갈 참이었다. 새로운 모험에 대비하여 물을 채운 분무기와 (손목을 리드미컬하게 흔들어 사용하는 클래식한) 부채를 챙겼다. 필요하면 얼굴에 물을 뿌려 부채질을 하기 위해서였다. 혹시 몰라 챙겨 다니는 항불안제 한 통이 가방에 잘 들어 있는지도 확인했다. 약효가 돌기까지 한 시간쯤 걸리니 가져가나 마나이긴 하지만, 약을 챙겼다는 사실을 아는 것만으로도 도움이 될 터였다. 옷을 겹겹이 껴입었다. 한겨울이지만 필요하다면 면 탱크톱만 남기고 벗어야 하니까. 모든 옷은 쉽게 벗을 수 있는 카디건 또는 지퍼 달린 상의여야 했다. 머리를 넣어서 입어야 하는 옷은 안 됐다. 내가 (또는 지하철에서 누군가가) 토할지도 모르니 휴지와 비닐봉지도 챙겼고, 지퍼백에 얼음도 가득 담았다.

모든 시나리오를 생각했다. 열차가 멈추고, 불이 꺼지고, 차장이 어떤 불길한 소식을 방송으로 알린다. 뉴욕인 만큼 열차 안내방송이 또렷하게 들리길 기대할 수 없고, 아니나 다를까, 운전사가 방금 뭐라고 말했는지 알아듣지 못한다. 단지 일시 정차한 것일 수도 있고, 모두가 죽을 상황에 처한 것일 수도 있다. 한여름이면, 출입문은 열리지 않고 에어컨이 멈춘 상태로 몇 시간 동안 객차에 갇힌 채 손톱 발톱으로 창문을 열려고 애쓰며 다 같이 서서히 익어갈 수도 있다. 한겨울이면, 맨해튼 브릿지의 선로가 얼어붙은 탓에 열차가 강물로 떨어질 수도 있다. 우리는 테러리스트가 객차 안에서 폭탄을 터뜨릴 때 혹은 폭발물을 던질 때 어떻게 행동해야 하는지 배웠고(도망하려 하지 말고 바닥에 엎드릴 것), 누군가가 칼이나 총으로 공격할 때 어떻게 행동해야 하는지도 배웠다. 나는 모든 상황에 대비되어 있다.

마침내 문밖을 나서서 가장 가까운 전철역을 향해 걷기 시작했다.

이것이 지하철을 타기 위해 집을 나설 때마다 반복하는 루틴이자 준비 과정이다.

반면 스튜디오에 도착해서 하는 촬영 준비 과정은 간단하다. 옷을 벗기만 하면 된다.

내가 누드모델을 한다는 이유로, 실오라기 하나 걸치지 않은 채 사진작가 앞에 선다는 이유로, 쉰 살이 넘은 알몸을 세상에 드러낸다는 이유로 많은 사람이 내게 용감하다고 말한다. 물론 누군가에게는 큰 용기가 필요한 일일 수 있다. 그러나 내게는 온 힘을 모아 용기를 내야 하는 일은 아니다. 내게 정말 용기가 필요한 일은 바로 집을 나서는 것이다.

나를 키워준 바비 할머니와 내가 알던 세상을 빼앗긴 이후로 나는 평생 불안 장애를 겪었다. 공황 발작을 처음 일으켰던 건 열 살 때, 한밤중에 아버지 집에서였다. 그날 나는 아버지의 침대 발치에 있는 작은 간이침대에서, 네 살 난 동생은 옆자리 간이침대에서 자고 있었다. 눈을 떴는데 틀림없이 곧 죽을 것 같은 느낌이 들었다. 심장이 어찌나 쿵쾅거리던지 흉곽을 넘나들며 박동하는 심장이 눈에 보일 것만 같았다. 공기가 답답해서 숨을 제대로 쉴 수 없었다. 빨대를 입에 문 채 산소를 빨아들이는 느낌이었다. 온몸이 부들부들 떨렸다. 아버지와 아버지의 새 여자친구는 큰 침대에서 자고 있었다. 내게 두 사람은 거의 모르는 사람과 다름없었다. 그때는 내가 스웨덴으로 온 지 1년쯤 지난 때였고, 여전히 할머니가 그리웠다. 체코슬로바키아에 있는 할머니는 그곳을 떠날 수 없었고, 나는 그곳으로 돌아갈 수 없었다. 내게 아버지와 그의 여자친구는 모르는 사람이었다. 두 사람이 나를 좋아하는지, 나와 함께 있고 싶어 하는지 알 수 없었다. 둘을 깨워서 내가 죽을 것 같다고 말하느니 그냥 이대로 죽음을 기다리는 게 더 낫겠다고 생각했다.

간이침대에서 데굴데굴 굴러 나와 화장실로 기어갔다. 천장에 밝은 노란색 전등이 달린 공간에 변기가 놓여 있었다. 숨을 쉴 때마다 몸속에서 거대하고 들쭉날쭉한 바위가 부풀어 올라 폐와 심장과 다른 장기들을 밀어내는 것 같았다. 차디찬 타일 바닥에 짓눌린 무릎이 아팠다. 심장은 탈출이라도 할 것처럼 갈비뼈를 세게 때려댔다. 나는 바닥에 주저앉아 변기 시트에 머리를 기댄 채 죽음을 기다렸다.

용기는 눈에 보이지 않는 경우가 대부분이다. 그러므로 상대방이 용기를 내더라도 이를 알아보지 못하기가 십상이다.

붐비는 버스에 올라탔다고 내게 기립박수를 쳐주는 사람은 없다. 수영장에 뛰어든다고 해서, 대중 앞에서 연설한다고 해서, 처마 끝 물받이를 청소하러 사다리를 타고 올라간다고 해서, 내게는 상상만으로도 두려운 일이지만 이런 일을 한다고 해서 사람들이 칭찬하지 않는다. 나로서는 용기가 필요하다고 생각하는 일이 남들에게는 그저 일상일 수 있다. 반대의 경우도 마찬가지다. 용기란, 그게 무엇이든 자기가 가진 두려움을 직면하는 것이다. 두려움은 저마다 다르고, 이를 극복할 용기를 내는 방법도 인간의 지문만큼이나 다르고 개인적이다. 우리의 전투가 타인에게는 사소해 보일 수 있으나, 전투에 필요한 용기나 우리가 용기를 냄으로써 얻게 되는 힘은 결코 사소하지 않다.

첫 번째 공황 발작에서 내가 살아남았다는 건 틀림없는 사실이었다. 그러나 이런 상황은 이후로도 되풀이되었다. 당시 엄마는 간호사 공부를 하고 있었는데, 엄마의 교과서를 훔쳐보며 내가 부정맥이라고 셀프 진단을 내렸다. 그러나 내 진단명을 감히 누구에게도 말할 수 없었다. 부모님께는 특히 언급할 수 없었다. 두 분은 이미 내 존재를 달가워하지 않는 것 같았다. 두 분이 내 심장 상태를 알게 되면, 나를 또다시 버릴지 몰랐다. 아주 좁은 난간 위를 걷는 느낌이었다. 돌풍이 불어오면 그 순간, 나는 급성 심정지 또는 유기, 둘 중 한 곳으로 떨어지고 말 것이었다. 나는 피할 수 없는 죽음을 기다리면서 신데렐라가 된 것처럼 욕조를 닦고, 고양이 화장실을 비우고, 설거지하고, 이부자리를 정돈했다. 내가 무도회장이 아닌 천국으로 가버리면 어머니는 분명 아쉬워할 터였다. 무엇보다 집안일을 하던 내가 사라진 것을.

내가 불안증 진단을 받은 건 이십 대 초의 일이었다. 부정맥이 아니라는 사실에, 죽지 않으리라는 사실에 기뻤다. 적어도 부정맥으로 죽진 않을 것이었다. 그러나 부정맥이 아니더라도 죽음에 이르는 수는 쌔고 쌨다는 걸 알게 됐다. 불안증을 겪는 사람들은 두 부류로 나뉘는데, 하나는 미쳐버릴까 봐 두려워하는 사람, 다른 하나는 죽을까 봐 두려워하는 사람이다. 나는 후자였다.

불안은 쉽게 이겨낼 수 있는 게 아니다. 심장이 멈춰버릴 거라는 두려움이 나를 떠나기 무섭게, 나는 강박적으로 다른 모든 가능성을 떠올리기 시작했다. 비행기 추락. 주택 화재. 강도. 인도를 걷는 내 머리 위로 무너지는 비계. 쓰나미. 정수리를 관통하는 거대한 고드름. 폭풍우 속에서 기름이 떨어진 배를 타고 바다 한가운데 갇히는 상황. 나는 내가 통제할 수 없는 상황을 가장 두려워한다는 걸 차차 알게 되었다. 자연재해, 우연, 타인의 잘못된 결정에 내가 휘둘리는 상황 같은. 그럴 때면 나는 꽉 찬 엘리베이터로 들어가거나 교통체증이 심한 도로에 갇히거나, 붐비는 전철의 객차 문이 닫히는 걸 볼 때처럼 무력감에 속수무책이 되었다.

사람들은 내게 숨겨야 할 나이에 누드모델로 나서는 게 용감한 일이라고 말했다. 미국 여성은 옷을 벗는 것이 몸을 보호하는 갑옷을 벗는 것과 같다고 교육받는다. 상상 속 완벽함에 의존하는 문화에서 결점을 드러내는 건 이해할 수 없는 일이다.

이런 면에서 유럽 문화는 다르다. 유럽은 나이나 체형과 관계없이 누드에 관대하다. 결점을 드러내는 것을 악수를 건네는 일로 생각한다. 보세요. 무기는 없답니다. 내가 자란 스웨덴에서는 누드가 흔했다. 그곳에서 누드란 방해받지 않는 완벽한 자유를 의미했다. 나는 지금도 누드를 이렇게 여긴다. 옷을 벗으면 나는 자유로워진다.

내 진정한 약점은 아무도 볼 수 없는 곳에 감춰져 있다. 심각한 불안증 증상은 내면에 존재하기 때문이다.

온갖 종류의 치료를 받았고, 결국 나는 내가 파란 눈동자를 가지고 있고 독서를 좋아하는 사람이라는 걸 받아들이듯 내가 불안증을 겪는 사람이라는 사실을 받아들이기로 했다. 그러면서 불안 발작에 대처하는 방법을 배워나갔다. 호흡 기법을 익히고, 얼음과 분무기를 챙겨 다니기 시작했다. 그 외에 온갖 방법을 배웠다. 나 자신을 위한 안전 시스템을 만든 셈이다. 이러한 시스템이 공황 발작을 아예 없애지는 못하지만, 완화하기는 한다. 전투에 나갈 수 있도록 나를 무장해준다. 상처받을 줄 알지만, 매번 힘든 일이 될 줄 알지만, 그럼에도 이 세상에 사는 동안 내가 하고 싶은 일을 할 수 있도록 해준다.

숨을 못 쉴 것 같을 때 당황하지 않는 법을 배우는 것. 달리고 싶을 때 가만히 멈추는 법을 배우는 것. 피하고 싶을 때 정면으로 바라보는 법을 배우는 것. 이렇게 나 자신과 끊임없이 싸워온 덕분에 지금의 내가 될 수 있었다. 안정적인 결혼 생활을 떠날 만큼 용감해졌고, 나 자신과 내 삶을 다시 쌓아 올릴 만큼 용감해졌고, 이를 이야기할 수 있을 만큼 용감해졌다.

날 때부터 용감한 사람은 없다. 용기는 일생에 걸쳐 만들어진다. 가슴을 무너지게 하고, 심장을 뛰게 하고, 피 흘리게 하는 순간만이 우리를 용감하게 만드는 건 아니다. 중요한 건 그런 순간을 마주할 때 우리의 반응이다. 고통과 두려움에 맞서겠다는 우리의 의지다. 나는 지하철을 탈 때마다 조금씩 용기를 쌓아갔다. 남들이 알아주든 말든 여러분도 나름의 방식으로 고통과 두려움에 맞서면서 용기를 쌓아가면 된다.

용기를 내는 건 아픈 일이다. 고통스러운 과정이다. 그러나 이 사실을 받아들이면 (즉, 힘들고 두려운 일을 꺼리는 마음을 극복한다면) 어제보다 오늘 더 용감해질 것이다. 우리는 누구나 자기 삶의 주인공이 될 수 있다.

나체 말고 누드

널따란 띠에 달린 가느다란 실들, 깃털을 연상하게 하는 검은 레이스가 까만 가죽의 광택과 잘 어울렸다. 나는 옷걸이에 걸린 옷을 훑어보며 무엇을 입을지 고민했다. 모델에게 이런 기회가 주어지는 건 흔치 않다. 모델은 고객이 원하는 옷을 입는다. 우리는 옷을 빛나게 해야 하는 존재이다. 옷으로 우리 자신을 빛나게 해서는 안 된다. 그러나 그날 거기 있던 작고 검은 천 조각들은 나를 빛내기 위해, 내가 원하는 내 모습으로 만들어주기 위해 존재했다.

란제리를 몇 벌 골라 아담한 방으로 들어갔다. 포근한 붉은색으로 벽이 칠해져 있고 바닥엔 앤티크 침대가 놓인, 아늘한 공간이었다. 루이지Luigi라는 사진작가가 방 안으로 들어와 최종 선택을 도와주었다. 피시네트 스타킹fishnet stocking(그물 모양의 망사 스타킹—옮긴이), 길고 부드러운 가죽 장갑, 허벅지까지 올라오는 부츠, 레이스 팬티.

거실에는 묵직한 커튼이 달려 있었고 앤티크 가구들이 놓여 있었다. 빅토리아풍으로 아름답게 꾸며진 응접실이었다. 거실 한복판에 세워진 두 기둥에 거대한 회색 종이 롤이 매달려 있었다. 거기서 다양한 촬영에 사용되는 배경지들이 내려왔다. 대형 스트로보 두 대, 삼각대에 설치된 카메라 한 대도 세팅되어 있었다. 루이지와 이앙고Iango는 아름다운 여성들의 사진집 작업을 하고 있었고, 그곳에서 사진집에 들어갈 내 사진을 촬영할 예정이었다.

"우리는 당신의 모습을 담고 싶어요. 가장 근사한 모습, 가장 당신다운 모습을요." 이앙고가 내게 말했다. "소녀가 아닌 여성으로서의 당신 말이에요."

그때 나는 번쩍이는 플래시에 둘러싸인 채 종이를 밟고 서 있었다. 이앙고의 말을 듣자 내가 입고 있던 망사와 리본, 천 조각이 거슬린다는 생각이 들었다. 나는 지난 40년간 그랬던 것처럼 옷 모델로서 촬영에 임하고 있었다. 그러나 이앙고와 루이지가 쉰여섯의 내게 바라는 건 내가 그동안 모델로서 보였던 모습이 아닌 온전한 나였다.

그리하여 나는 모든 걸 벗어던졌다. 나는 누드 상태에서 가장 나답다고 느꼈다. 그 상태의 내가 좋았다. 내 몸이 좋았다. 자유로웠다.

나는 충분했다. 내 몸은 충분했다.

불필요한 란제리를 벗는 건 꾸밈도 숨김도 없는 내 모습이 가장 나다운 최고의 모습이라는 걸 스스로 되새기는 나만의 방식이었다. 내 몸은 불쾌하지도 잘못되지도 않았다. 굳이 레이스나 망사로 숨길 이유가 없었다. 란제리를 입는다고 더 아름다워지는 것도 아니었다. 내 몸은 충분히 아름다웠다. 내 몸은 나이가 망가뜨릴 수 있는 게 아니었다.

이는 어떤 계시나 새로운 깨달음이 아니라, 문장에 온점을 찍듯 그동안 내가 겪고 배워서 알게 된 것들로 내린 결론이었다.

스칸디나비아에서 자란 나는 누드에 관해 어떠한 편견도 없었다. 잡지나 텔레비전에서 누드 사진을 보는 건 흔한 일이었다. 해변이나 수영장, 공원에서 상의를 벗는 여자들도 흔했다. 여름에 웃통을 벗고 운전하는 여자들도 자주 봤다. 옷을 벗는 건 자유를 좇는 평범한 일이었다. 내 벗은 몸을 생각하는 것도 아무렇지 않았다. 그래서 파리에서 누드모델 제의를 받았을 때 나는 일말의 부끄러움 없이 옷을 벗었다.

1985년, 〈지큐GQ〉의 수영복 모델 촬영이 잡혀 있었다. 내가 좋아하는 사진작가와의 작업이었고, 당시 남자 수영복 시즌 컬렉션을 선보이는 남성 모델과 몇 컷을 함께 찍을 예정이었다.

이틀간의 촬영을 위해 비행기를 타고 카리브해 세인트 토머스Saint Thomas 섬에 갔다. 남성 수영복을 팔려는 화보였기에, 나는 배경 역할이었다. 내가 입고 있던 비키니에는 별 의미가 없었다. 나는 망설이지 않고 비키니 상의를 벗었다. 어느 컷을 찍을 때는 사진작가의 요구에 따라 하의도 벗었다.

내가 수영복 모델로 이름을 알리기 시작한 건 1983년 〈스포츠 일러스트레이티드〉에 등장하고 1984년에 표지를 장식하면서부터다. 그전에 파리에 있을 때는 수영복 모델 제의를 받는 일은 좀처럼 없었다. 수영복 업계에서는 둥글고 탐스러운 엉덩이를 선호했는데, 내 엉덩이는 그렇지 않았다. 반박할 수 없었다. 나조차도 내 몸매를 보면 모래시계보다는 시험관이 떠올랐으니까.

그러나 〈스포츠 일러스트레이티드〉 표지 모델이 되고 〈지큐〉에서 남자 수영복 화보 촬영을 하면서 내 삶이 극적으로 변했다. 말 그대로 하룻밤 사이, 내 이름에 이미지가 더해졌다. 그전까지만 해도 나는 긴 갈색 머리에 파란 눈을 지닌, 지난달 〈마드모아젤Mademoiselle(1935년부터 2001년까지 미국에서 발행된 패션 잡지─옮긴이)〉 표지를 장식한 모델로 통했다. 그러나 이제는 '폴리나'가 되었다. 아니, 더 정확히 말하면 "폴리나 포─ 뭐였더라?" 하는 사람이 되었다.

심야 토크쇼 몇 편에 출연하고 인터뷰를 하면서, 갑작스럽게 약간의 인기를 실감했다. 젊은 남자들이 보내오는 팬레터가 산더미처럼 쌓이기 시작했고, 유명 록스타며 배우들도 내게 데이트 신청을 해왔다. 촬영하러 가다 보면 이따금 길거리에서 나를 알아보는 사람도 있었다. 그래도 촬영장에 가면 여전히 다른 소녀들과 다를 바 없는 애였다.

4월 어느 날, 에이전시에서 지난주의 바우처를 반납하고 있었다.

"이번 달 〈지큐〉 봤어?" 캐스팅 매니저가 내게 물었다.

"아, 아직이요." 궁금해 안달이 나지도, 대단히 관심이 가지도 않았다. 이번 시즌 새로 나온 스피도스Speedos(호주의 수영복 브랜드명. 남성용 삼각 수영복을 지칭하는 용어로 흔히 쓰인다.—옮긴이) 수영복을 입고 포즈를 취하는 남자 모델 뒤에서 배경처럼 서 있던 그 촬영 얘기일 터였다.

붐비는 사무실, 다른 캐스팅 매니저들과 함께 쓰는 하얀 데스크 너머로 매니저가 잡지 한 권을 쭉 밀었다. 페도라를 쓴 건축가 헬무트 얀Helmut Jahnd(독일 출신의 세계적인 건축가—옮긴이)이 장식한 표지에 밝은 노란색 글씨로 이렇게 쓰여 있었다.

해변의 폴리나
상의 탈의의 에티켓

말도 안 되는 헤드라인이었다. 그러니까 정말로, 문자 그대로 말이 안 되었다. 지금까지도 나는 그들이 정말 쓰고 싶었던 문장은 '이 안에 상의 탈의한 폴리나 사진이 들어 있어요!!!'였다고 믿는다. 하지만 너무 저속하게 들리니까 격식 있게 보이려고 저렇게 쓴 것이었다.

이건 내가 동의한 사항이 아니었다.

내가 상의를 벗고 포즈를 취하든 완전 누드로 포즈를 취하든 그런 건 조금도 신경 쓰이지 않았다. 그러나 내가 상의를 벗은 것을 주요 판매 포인트로 잡는 건 몹시 불쾌했다. 햇살이 가득 내리쬐는 해변에서 홀가분하게 옷을 벗고 있던 내가 갑자기 성적 욕망의 대상으로 팔리고 있었다. 나는 내 알몸을 부끄러워한 적이 단 한 번도 없었다. 그러나 그때는 부끄러웠다. 수치스러웠고 이용당한 기분이었다. 나는 남성 수영복을 돋보이게 하는 배경 모델로서 촬영에 임한 것이었다. 그런데 나도 모르게, 또 동의하지도 않은 상태에서 느닷없이 이 세상에 '상의 탈의의 에티켓'을 일러주는 사람이 되어버렸다.

촬영을 위해 일본에 간 적이 있었다. 늦은 시간이라 피곤했으나 시차 때문에 잠이 오지 않아 텔레비전을 보고 있는데, 화면에 신디 크로퍼드와 내 얼굴이 나왔다. 에스코트 서비스escort service(관광객을 상대로 하는 성매매 알선—옮긴이)를 홍보하는 광고였다. 순간 정신이 번쩍 들었다.

그 〈지큐〉 표지를 봤을 때도 비슷한 느낌이었다.

누드 자체는 부끄럽지 않다. 그러나 내 의사와 상관없이 성적 대상으로 판매되니 싸구려가 된 기분이었다.

〈지큐〉 촬영 이후로 릭은 무척 단호해졌다. 그때는 아직
비밀 연애 중인 사이였는데도 릭은 내게 앞으로 누드 촬영
을 하지 말라고 요구했다. 그이는 내 알몸을 오로지 자기를
위한 것으로 여기는 듯했다. 그러나 내 몸은 내 것이었다.
이 문제로 내적 갈등을 겪을 수밖에 없었다. 그이가 내 몸을
만질 수 있는 건, 내가 그에게 선물했기 때문이다. 내 몸으
로 무얼 할지는 내가 결정할 일이었다. 그러나 굴복하고 말
았다. 내게 궁극적으로 더 중요한 건 우리 둘의 평화였다.

역사상 최고의 패션 사진작가로 꼽히는 어빙 펜Irving
Penn이 만삭 화보 촬영을 제안했으나 거절했다. 지금까지
이 일을 후회한다. 또 애니 레이보비츠Annie Leibovitz(유명
인의 초상 사진으로 유명한 세계적인 사진작가—옮긴이)가 물에
적신 흰 천을 내 몸에 드리운 채 사진 찍고 싶다고 했을 때
남편이 싫어하니 몸을 더 가려야 한다고 고집 부렸던 일도
후회한다. 그때 나는 촬영 중에 남편에게 전화를 걸어 상반
신을 라텍스로 감쌀 거라고 일러주었다. 몸에 라텍스가 씌
워지자 오히려 수치심이 밀려들었다. 부끄러운 무언가를,

내가 숨기기로 마음먹기 전까지는 존재하지도 않았던 더러운 비밀을 숨기려는 사람이 된 것 같았다.

릭과 갈라선 뒤 나는 다시 〈스포츠 일러스트레이티드〉 누드 촬영에 기꺼이 뛰어들었다. 모델들이 중요하게 생각하는 단어를 자신의 몸에 새긴 뒤 흑백으로 촬영하는, 누드 시리즈 작업이었다. 나는 '진실truth'이라는 단어 하나만 골랐고, 스텐실 기법으로 가슴에 새기기로 했다. 2월 어느 날 아침, 스튜디오 안은 몹시 추웠고, 주변의 모든 사람이 겨울 외투와 모자로 온몸을 감싸고 있었다. 그러나 흰색 배경지 앞에서 실오라기 하나 걸치지 않고 서 있던 나는 행복하고 자유로웠다. 누군가의 소유물이었던 삶에서 해방되는 순간이었다. 나는 이곳까지 나를 이끌어준, 쉰두 살의 내 몸을 온전하게 느끼며 그 순간을 축하했다.

릭과 갈라선 뒤 처음 사귀었던 남자친구, 내가 사랑하게 된 그 남자를 만났을 때 나는 내 몸에 관한 내 주관을 분명히 밝혔다. 내 몸을 빌려줄 수 있지만, 내 몸은 내 것이므로 내가 원하는 대로 할 거라고 얘기했다. 그는 그런 나를 응원해주었다. 〈그라찌아Grazia(이탈리아에서 시작해 여러 나라에서 발행되는 여성 잡지—옮긴이)〉의 누드 촬영 사진을 그에게 보여주기 전까지는. "모든 사람이 내 여자친구의 알몸을 보더라도 나는 괜찮아야 한단 말이지?" 그가 이렇게 말하며 한숨을 내쉬었다.

나는 어깨만 으쓱이고 넘겼다. 그렇다. 내가 결정할 일에 두 번 다시 남들이 감 놔라 배 놔라 하도록 내버려두지 않을 것이다.

내게 쿠키를 굽거나 손주를 무릎에 앉혀도 모자랄 판에 누드 사진을 찍고 다니는 게 부끄럽지 않느냐며 비난하는 댓글을 단 사람, 폴리나가 일러주는 '상의 탈의의 에티켓'이 라는 헤드라인을 표지에 실은 〈지큐〉, 나를 독차지하고 싶 어한 연인, 이들 모두가 근본적으로 내게 같은 행동을 했다. 그들은 모를 수도 있다. 서로 윤리 스펙트럼의 양극단에 있 다고 생각할지도 모른다. 그러나 모두 정말로, 정말로 똑같 다. 결국 그들 다 내 선택대로 내 자신을 보여줄 권한을 빼 앗으려 한 것이다.

누드와 나체는 동일하지 않다. 누드에는 목적이 있다. 누 드는 선택이다. 내 몸을 어떻게 드러낼지 선택하는 것이다. 예술을 위해 포즈를 취할 때 누드가 된다.

나체는 취약해지는 상태다. 우리가 나체가 되는 건 태어날 때, 병원에 있을 때, 공항의 엑스레이 스캐너를 통해 옷이 벗겨질 때다. 나체가 된다는 건 내 몸을 기념하기 위해 스스로 선택하는 일이 전혀 아니다.

누드와 나체는 동일하지 않으며, 둘 다 포르노와는 완전히 별개다. 누드는 신체가 드러나서가 아니라, 자극을 기대하게 할 때 포르노로 변질된다. 마치 드러내면 안 될 게 보인다는 듯한 음흉한 (눈치나 윙크나 옆구리를 쿡 찌르는 것 같은) 암시를 주면서 특정 신체 부위에 눈을 향하게 만드는 것. 이러한 신체 부위를 보는 것이 스캔들 혹은 불법이라는 암시를 주는 것. "상의 탈의한 폴리나를 좀 보세요!"라고 외치는 행동이 누드를 포르노로 바꾸어버리는 것이다. 역설적이게 전략적으로 알몸을 가림으로써 사람들의 이목을 끌 때도 이런 일이 일어난다. 〈뉴욕타임스〉가 순수하고 자유로운 다섯 살배기 딸의 알몸을 찍은 샐리 만Sally Mann(자연과 인간, 가족과 어린이에 대한 통찰을 담는 작품으로 유명한 미국의 사진작가―옮긴이)의 작품을 실으며 유두와 다리 사이에 엑스(X)를 그려 넣었을 때가 그랬다. 그 사진은 별안간 "이것 좀 봐! 부적절하잖아!"라고 소리쳤다. 사진을 부적절하게 만든 건 누드를 가리는 행위였다.

내가 살면서 처음으로 포르노에 노출되었던 건 열한 살 무렵이다. 아빠와 함께 조지아 오키프Goergia O'Keeffe(추상화와 대자연을 주제로 한 작품으로 유명한 미국의 화가—옮긴이)의 전시를 보러 갔다. 아버지 옆에 서서 그림 속 색상과 형태를 보며 감탄하고 있는데, 한 남자가 옆으로 쓱 다가오더니 내가 경탄하고 있던 그 작품을 손가락으로 가리켰다. 그러고는 눈썹을 치켜올리며 "질"이라고 말하며 낄낄거렸다. 말투도 음흉했고, 작품과도 맞지 않는 말이었다. 처음엔 그가 느닷없이 왜 그런 말을 하는지 전혀 이해하지 못했다. 하지만 어쩐지 내가 금지되거나 선정적인 무언가를 보고 있다고 빗대어 말하는 듯했다. 그러자 이유도 모른 채 부끄러움이 밀려들었다. 갑자기 그림이 다르게 보였다. 눈앞에 펼쳐진 무성한 분홍빛과 물결치는 곡선이 성교육 시간에 본 적 있는 모양으로 변해갔다. 하얀색 고급 고블렛 잔으로 보이던 그림이 갑자기 마주 보는 두 사람의 옆모습으로 보이는 착시가 일어나듯이.

남자가 자리를 뜨자, 내 반응은 또 달라졌다. 이제 나는 수치심을 느꼈다는 사실이 수치스러웠다. 질에는 아무런 문제가 없다. 질은 정상이고, 여러 좋은 감정의 원천이기도 하다. 학교에서 배운 바로는 그랬다. 그러나 내 얼굴은 빨개지고 있는 게 느껴졌다. 부끄러워할 게 아닌 것을 부끄러워하는 내 모습을 아버지에게 들키고 싶지 않았다. 혼란스러움에 얼굴이 화끈거렸다. 나는 반대편 벽에 있는 다른 그림에 관심이 가는 척하며 재빨리 그 자리를 벗어났다.

예술계에서 남성 누드가 권력의 상징이라면, 여성 누드는 섹슈얼리티의 상징이다.

'나이 든 여성의 누드 화보', '중년 여성 누드', '노인 여성 누드화' 등 주제어를 여섯 가지로 바꿔가며 인터넷에 검색해봤다. 결과 창에는 루치안 프로이트Lucian Freud가 그린 체격 좋은 여성 누드화 몇 점(대부분 중년으로 보이지 않았다), 2011년부터 당당히 나이 든 여성의 누드화를 시리즈로 그리기 시작한 여성 예술가 앨리아 채핀Aleah Chapin의 작품 몇 점, '실버 포르노' 사이트 몇 개가 떴다. 이 정도가 성숙하고 섹시한 여성의 몸을 나타내는 범위였다.

여성이 남성에게 오로지 생식과 다산이라는 성적 동물로서 가치 있는 존재라면, 예술에서도 여성은 그런 식으로밖에 묘사될 수 없다. 그래서 가임기를 지난 늙은 여자의 누드가 비판받는 것인지도 모른다. 번식의 기능을 잃은 신체에 대한 욕망을 부추긴다는 이유로.

사회적으로나 예술적으로나 성적으로 성숙한 할머니의 누드보다 순수하고 순결한 십 대의 누드가 더 용인된다. 할머니는 성적으로 경험이 있을 게 틀림없기에 그렇다.

나는 두 아이를 낳고 기른 내 몸이, 고통과 쾌락을 느끼는 내 몸이, 세심한 노력을 들여 유지하는 내 몸이, 나를 쉰일곱이라는 이 순간으로 이끌어준 내 몸이, 그리고 내게 딱 맞는 내 몸이 자랑스럽다. 내 살은 더 이상 봉긋하거나 탱탱하지 않지만, 부드럽고 주름진 피부는 제 기능을 다하고 있다. 내 근육은 예전처럼 강하지는 않지만, 섬세한 살결이 근육을 더욱 또렷하게 드러낸다. 비 내리는 날이면 삭신이 욱신거리지만, 내 뼈는 여전히 나를 든든하게 지탱한다.

루이지와 이앙고의 스튜디오 거실에서 나는 회색 배경지를 밟고 서 있다. 부채가 일으키는 바람이 내 머리카락을 가르고 내 피부를 간질인다. 조명이 터진다. 비지스Bee Gees(세계적인 성공을 거둔 영국 밴드―옮긴이)가 생生을 노래

한다. 나는 머리를 향해, 바람을 향해, 음악을 향해, 빛을 향해 두 팔을 높이 든다. "아름다워요, 굉장해요, 지금 좋아요, 그렇죠, 멋져요!" 작가들이 외친다.

누드. 아무것도 숨기지 않는 것.

나는 아무것도 숨길 게 없다.

약물

"그러니까 저는 처음에….” 입을 떼다 말고 이내 망설였
다. 과연 내 얘기를 하기에 적당한 곳일까? 이 테이블에 앉
아 있는 아리따운 여자 다섯 중에 내가 아는 사람이라고는
나를 여기로 데려온 친구 리즈Liz뿐인데? 내가 늘 짊어지
고 다니던 부담스럽고 부끄러운 비밀이 이제 자기를 내려
놔 달라고 애원하는 것 같았다. 우리는 고급 레스토랑의 룸
안에 앉아 있었다. 다들 화이트 와인을 한두 잔씩 마신 터라
나를 포함해 모두의 혀가 느슨해지고 있었다.

"처음에 뭐요?” 머리부터 발끝까지 캐시미어로 쫙 빼입
은 케리Kerry가 비어 있는 내 잔에 와인을 채우며 재촉했다.

계속해보기로 마음먹는다.

"어릴 적부터 심한 불안에 시달렸어요. 그리고 작년에 「댄싱 위드 더 스타」에서 하차하고, 제 책 홍보를 시작한 이후로는 손쓸 수 없을 정도로 심해졌죠."

여자들은 내 말에 귀를 기울였다. 한 명은 변호사, 한 명은 기자, 한 명은 사진작가, 두 명은 전직 고위 임원이었다.

"그래서 항우울제를 복용하기 시작했죠." 마침내 이 말이 입 밖으로 튀어나왔다. 수치심이 나를 덮쳤다.

옆자리에 앉아 있던 리즈가 웃음을 터뜨렸다. "나는 그 약 먹은 지 20년쯤 됐는데." 리즈가 대수롭지 않다는 듯 말했다. "내 인생 최고의 선택."

그러자 모두 한마디씩 거들었고, 나는 깜짝 놀랐다. 그 룸 안에는 자녀와 남편을 둔 중년의 커리어우먼 여섯 명이 있었는데, 하나같이 약물을 복용하고 있다고 말했다.

불안 발작이 재발한 이후 복용하기 시작한 렉사프로 Lexapro(에스시탈로프람을 주요 성분으로 하는 항우울제—옮긴이)가 모든 면에서 내 기능을 마비시켰다. 나는 (누군가는 공황 발작이라고 부르는) 불안 발작을 오랫동안 겪어왔지만, 수년간의 학습을 통해 대응책을 익히며 발작을 통제할 수 있다고 여겼다. 아이들이 어렸을 때는 거의 신경 쓰지 않을 수 있는 정도였다. 하지만 마흔이 되면서부터 그 어느 때보다 불안 발작이 심해졌다.

자동차, 버스, 심지어 엘리베이터를 탈 때도 공황에 빠졌다. 그러면 숨을 제대로 쉴 수 없었고, 심장이 마구 뛰었고, 온몸에 열이 나 땀이 줄줄 났다. 게다가 원래 일주일쯤 가던 생리전증후군 증상이 길어져 불안하고 우울하고 예민한 상태가 이삼 주씩 지속됐다.

나는 어떤 종류든 약물에 의존하는 걸 좋아하지 않는다 (정말로 나는 두 아이를 진통제 없이 출산했다. 어느 정도의 통증은 참고 견딜 수 있다!). 그런데 담당 의사는 내게 잠시 불안에서 벗어나도 된다고, 그럴 자격이 충분하다고 조언했다. 의사는 약물 복용을 두고 시스템을 재부팅하는 것이라고 표현했다. 대화 치료를 받아보겠다는 내 의견을 적극 지지해주면서도 이런 비유를 들어 설명했다. "집을 지을 때 맨손으로 지을 수도 있고, 전동 공구를 사용할 수도 있습니다. 어쨌든 집을 짓는 건 매한가지예요, 그렇죠?"

그때 나는 「댄싱 위드 더 스타」에서 떨어진 직후였고(시즌 첫 탈락자였다), 내 자존감은 중학교 2학년생 정도로 뚝 떨어져 있었다. 내 인생에 중2란, 학교에서 가장 인기 없는 학생이던, 내가 뭘 잘못했기에 그토록 미움받는지 그 이유조차 모르고 괴롭힘을 당하던 때다. 어서 빨리 훌훌 털고 일어나야 했다. 내게는 엄마의 손길이 필요한 아이들이 있었다. 아내의 손길이 필요한 남편이 있었다. 그리고 5년에 걸쳐 완성한 소설, 내 소설을 마침내 홍보해야 할 시기였다. 맥없이 가라앉을 때가 아니었다.

그때 렉사프로를 접했다.

처음에는 약이 듣지 않는 것 같았다. 치료를 시작한 지 몇 달이 지나고 나서야 내게 무슨 일이 일어났는지 깨달았다. 내면의 세계가 잠잠해졌다. 끊임없이 윙윙거리던 불안의 소음이 완전히 사라지고 난 이후에야 그동안 내 안에 그런 소리가 존재했다는 걸 깨달았다. 지직거리는 형광등이 달린 방에서 평생을 살다가 어느 날 갑자기 그 소리가 사라졌다는 걸 알아차린 것 같은, 그런 기분이었다. 이 고요함을 어떻게 받아들여야 할지, 이 안에서 앞으로 어떻게 살아야 할지 확신이 서지 않았다.

렉사프로를 복용하기 시작한 이후, 나는 「아메리카 넥스트 톱 모델America's Next Top Model, ANTM(신인 모델들이 경쟁을 펼치는 형식의 리얼리티 TV프로그램. 2003~2018년 방영되었다.—옮긴이)」 심사위원으로 캐스팅되었다. 보험 때문에 신체검사를 받았고, 문답지를 작성하다가 복용 약물을 묻는 문항에 단 한 가지, 렉사프로를 복용 중이라고 솔직하게 적었다. 설마 했으나, 이 사실이 프로그램 촬영장에 삽시간에 퍼졌다. 내가 항우울제 복용자라서 TV 촬영장 보험에 가입할 수 없다고 했다. 복용한 지 얼마나 되었다고 그새 우려하던 일이 생긴 것이었다. 나는 미친 사람, 불안정한 사람 취급을 받았다. 약효를 보기도 전에 복용 중단을 고려해야 했다. 관련 서류 작업을 담당했던 여직원은 자기도 같은 약을 먹고 있다고, 다들 먹는 거 아니냐며 웃었다. 제작사에서 해야 할 일은 살짝 미친 나와 함께 일할 위험을 감수하겠다는 조항에 서명하는 게 다였다. 그들은 그렇게 해주었다.

나는 점점 용감해졌고, 그동안 끔찍한 약점으로 생각해오던 것들을 공공연하게 털어놓기 시작했다. 그러자 주변 친구들도 하나둘 본인도 항우울제를 복용하고 있다고 고백했다. 한 친구는 우울해서 약을 먹는다고 했고, 다른 친구는 너무 화가 나서 약을 먹는다고 했다. 또 다른 친구는 불안 발작 때문에 그런다고 했다. 약물 복용의 원인은 다양했지만, 공통점은 우리 모두 결혼하여 자녀를 둔, 비슷한 나이대의 여성이라는 것이었다.

깜짝 놀랐다. 동시에 궁금해졌다. 이맘때의 여자에게 대체 무슨 일이 일어나는 걸까? 이런 문제가 결혼하고 아이를 둔, 폐경 전후의 여성에게 보편적으로 일어나는 걸까? 남자들이 중년의 위기를 겪는 것처럼 여자들도 중년의 위기 때문에 스포츠카나 젊은 여자와의 불륜 대신 보톡스와 항우울제에 빠지는 걸까?

렉사프로와 함께했던 2년은 내 인생에서 가장 말랑말랑한 시기였다. 렉사프로는 즉각적인 절망감을 달래주었고, 원망을 사그라들게 했고, 불안을 진정시켰다. 렉사프로는 피할 수 없는 인생의 거친 바람으로부터 날 보호해줄 두툼하고 따뜻한 이불을 내 몸에 감싸주었다.

그러나 창의력이나 성적 관심처럼 재미있는 것들로부터 단절되는 부작용도 있었다. 예전에는 친구들에게 남편과 20년 넘게 살다 보니 성적으로 정교하게 조율된 엔진 같은 사이가 되었다고 농담하곤 했다. 그러나 이제는 그이가 날 만질 때면 아주 두껍고 거추장스러운 카펫이 내 몸을 가로

막고 있는 것 같은 느낌이 들었다. 얼마 안 가 그와의 스킨십은 너무 적은 급여에 비해 지나치게 고된 일로 느껴졌다.

창의성에 관해서는, 처음 느껴보는 평화로움 때문인지 이제 그 어떤 것도 표현할 필요가 없다고 느끼게 되었다. 작가로서 이는 식욕 잃은 요리사가 된 것과 같은 상황이었다. 물론 일을 할 수야 있지만, 기껏 해봐야 영감이 느껴지지 않는 작품을 만들 뿐이었다. 더 이상 친구들이나 남편에게 맞서지 않았다. 어깨 한 번 으쓱이고 그 상황에서 벗어나면 그만이었다. 2년 동안 그렇게 하다 보니, 새롭게 배우는 게 없었다. 감정에 보톡스를 맞은 것 같았다. 약기운이 돌고 있을 때 나는 어떤 사람이 됐을까? 내 진짜 기분은 어땠을까? 이런 것들이 궁금해지기 시작했고, 아무리 심한 고통이 따른다고 할지라도 내 진짜 감정을 완전히 되찾고 싶어졌다.

렉사프로를 끊는 경험은 예상했던 것만큼이나 불쾌했다. 3주 동안 악몽에 시달리는 바람에 날마다 피로하고 괴로웠다. 그런 다음엔 서서히 불안이 되살아났다. 답답하고, 심장이 갑자기 빠르게 뛰고, 순식간에 열이 오르고, 혼란스러웠다. 내면에서 시끄럽게 웅웅대던 불안 때문에 여태 몰랐던 것, 아니면 정말 없어서 몰랐던 것을 새로 발견하기도 했다.

그건 바로 우울이었다. 어쩌면 상황 때문이었는지도 모른다. 그때 나는 커리어의 갈림길에 서 있었고, 아들들에게 더는 매 순간 필요한 존재가 아니었으며, 내 얼굴과 몸은 중력을 이기지 못하고 세월에 굴복하기 시작했다. 충분히 우울할 만했다.

약을 먹으면 내가 나 같지 않았지만, 약을 먹지 않아도 나 같지 않았다. 적어도 내가 기억하는 나, 내가 바라던 나는 아니었다. 아이들은 전혀 다른 엄마의 모습을 보게 되었다. 비이성적이고 불안에 떨며 흐느끼는 엄마의 모습을. 예전에는 혼자 있을 때만 드러내던 모습이었다. 그러나 이제 그 여자가 어디에나 있었다. 이러는 내가 안타깝다가도 이런 나를 안타까워할 자격이 없다는 생각에 이내 끔찍한 죄책감이 들었다. 나 홀로 짊어지고 가기에는 이 세상의 짐이 너무 무거운 것 같았지만, 어떻게 도와달라고 해야 할지 몰라 누구에게도 도움을 요청할 수 없었다. 물론 쥐구멍에도 볕 들 날은 있었다. 볕이 드는 순간이면, 나는 햇볕을 멍하니 바라볼 뿐만 아니라 그 온기와 즐거움을 느꼈다. 그건 더욱 강렬한 기쁨이었다. 내 감정은 평온하기보다는 오르락내리락 기복이 심했지만, 나는 그런 상태를 더 선호했다. 그러나 균형

잡힌 감정을 유지하는 데는 어떤 종목이든 운동이 아주 효과적이라는 사실을 알게 됐고, 필라테스와 에어리얼 요가 수업이 없는 날이면 킥복싱과 댄스 레슨을 받기 시작했다. 약물의 부작용과 달리 운동의 부작용은 하나같이 긍정적인 것들이었다.

그 이후 수년간 상당한 고통과 자기 탐구의 시간으로 가득한 나날을 보냈다. 그 과정에는 배움도 있었다. 스스로 신청한 건 아니지만 반드시 해내야 하는, 인생 이해 속달 과정을 듣고 있는 것 같다. 그러자 이런 생각이 들었다. 이토록 힘든 감정이 성장통은 아닐까? 저 건너편으로 넘어가려면, 평화와 자신감이 마침내 승리하는 저편으로 넘어가려면 꼭 필요한 게 아닐까? 변화하는 호르몬에 적응해야 하는 건 십대에만 해당되는 일이 아니다. 그리고 우리 대부분은 청소년기가 얼마나 고통스러웠는지 여전히 기억한다.

이제 나는 중년 여성에게 항우울제가 성형 수술과 정서적으로 동등한 역할을 하는지 궁금해지기 시작했다. 항우울제를 복용하면 변화의 고통을 피할 수 있고, 그러면 삶의 고통에서 벗어날 수 있다. 그러나 항우울제를 복용함으로써 또 다른 대가를, 삶을 어느 정도 마취된 상태로 살아가야 하는 대가를 치르고 있는 건 아닐까?

　나는 지식 덕분에 사람들이 더는 고통받지 않아도 되는 시대에 살고 있음에 평생 감사하며 살아갈 것이다. 그러나 그러한 지식이 존재하기까지 약간의 고통도 따르지 않았을까? 물론 나는 의학에 반대하는 사람은 아니다. 현대의학은 우리의 생명을 구한다. 항우울제 복용 여부는 많은 이에게 생사를 가르는 문제가 되며, 그 정도까지는 아니더라도 살 만한 삶과 죽지 못해 사는 삶을 가르는 문제가 된다.

　남편이 세상을 떠나고 내가 알던 내 삶이 완전히 무너진 이후, 나는 약물에 의존하지 않고 상황을 헤쳐 나가기로 결심했다. 너무 고통스러우면 언제든 약을 먹을 수 있다는 걸 아는 것만으로도 그 고통을 감당할 용기가 생겼다. 힘들었고, 여전히 어느 정도는 힘들지만, 고통이 나를 더욱 강하게 만드는 중요한 요소라는 생각이 들기도 한다. 그러나 할 만큼 했는데도 내 인생이 나아지지 않는다고 느껴지는 순간이 오면, 그때는 주저하지 않고 약을 복용할 것이다. "무너지지 않는 것이 강해지는 것이다"라는 말도 있지 않은가? 여기에는 강해지려면 치유해야 한다는 의미가 담겨 있다. 치유하기 위해서는 시간이 필요하다. 급성 통증이 일면, 우리는 주저하지 않고 진통제를 복용한다. 마찬가지로 마음의 고통을 덜어주는 약물도 우리를 조금 더 잘 견딜 수 있도록 도와준다는 점에서 유용하게 쓰일 수 있다. 그리고 때로는 우리가 할 수 있는 모든 노력을 했는데도 어둠 속에 갇혀 있을 때, 그 고통을 견딜 수 있게 해줄 작은 알약이 하나 있다는 사실을 안다면, 그 얼마나 마음이 놓이겠는가?

점령

    1학년 백일장에 제출할 시를 암송하느라 여념이 없었다. 대회 주제는 러시아인이었다. 우리의 '가장 친한 친구이자 구세주' 러시아인, 위기에 처한 우리 체코를 해방시켜준 러시아인. 부엌 식탁에 앉아서 내가 쓴 시를 외우고 있는데, 퇴근하고 막 집에 돌아온 바비 할머니가 직사각형 빨간 종이 한 다발을 식탁에 내려놓으며 한숨을 푹 쉬었다. 할머니는 기분이 안 좋을 때면 한숨을 크게 쉬었다. 무언가 언짢다는 걸 식구들에게 알리기 위해서였다. 그런데도 무슨 일이냐고 아무도 묻지 않으면 나직이 혼잣말을 중얼거렸고, 그래도 관심을 보이지 않으면 할머니는 눈을 부라리며, 안나 카레니나처럼 기차에 몸을 던져버려야겠다고 협박하듯 말했다.

바비 할머니가 혼잣말인지 들으라고 하는 말인지를 중얼거리기 시작했다. 이런. 할머니가 뱉는 말이 드문드문 들렸다. "지옥에나 가라지." "우라질." 그중에 가장 무서웠던 말은 "멍청한 러시아놈들"이었다. 누군가가 우리 '친구들'을 나쁘게 말하는 걸 듣거든 그게 누구든 반드시 선생님에게 보고해야 한다고 배운 탓이었다. 그래서 내가 바비 할머니를 밀고했느냐고? 나는 의자에서 내려가 아무것도 못 들은 척했다. "할머니, 저게 뭐예요?" 할머니가 신경을 딴 데로 돌리길 바라는 마음으로 빨간 종이 뭉치를 가리키며 물었다.

"국기란다. 창문에 붙여야 해." 할머니가 또다시 눈을 부라리며 대꾸했다.

"오, 제가 할래요, 제가!" 나는 할머니에게 졸랐고 그러면서 안심했다. 할머니가 화난 건 티 없이 깨끗하게 닦아놓은 유리창에 국기를 붙여야 했기 때문이었다. 나는 작은 종이 뭉치를 집어 들었다. 직사각형 종이는 소련 국기의 인쇄물이었고, 새빨간 바탕에 금색 낫과 망치 그림이 있었다. 내가 그 국기들을 창문에 붙이면 나는 모범 시민이 될 것이고, 할머니의 미간 주름도 풀어질 것이었다.

부엌 서랍에서 롤 테이프를 꺼내 들고, 손님이 올 때만 사용하던 응접실로 향했다. 길가 쪽으로 난 큼직한 창문 두 개는 국기를 붙이기에 안성맞춤이었다. 다른 집들처럼 나도 각 창문의 오른쪽 모서리에 국기를 꼼꼼히 붙였다. 윗목을 보나 아랫목을 보나, 집집마다 창문에는 빨갛고 자그마한 직사각형이 붙어 있었다. 창문에 국기를 붙이지 않았다면, 그건 그 집에 자본주의를 추종하는 쓰레기 같은 사람들이 살고 있다는 의미였다. 우리 집 침실 창문도 거리를 향해 나 있어서 거기에도 국기를 붙였다. 그렇게 하고도 국기가 두 장이 남아 거실 창문에도 붙였다. 거실 창은 텃밭을 향해 나 있어서 국기를 붙여봐야 우리 식구만 볼 수 있었다. 뿌듯해진 나는 집 앞 거리로 나가 내 작품을 감상했다. 티 없이 깨끗한 창문마다 붙은 깃발이 꼭 빨갛고 행복한 하트 같았다.

초등학교에 입학한 이후로 내게는 간절한 소원이 두 가지 있었다. 가장 큰 소원은 유리관 안에 방부 처리되어 누워 있는 레닌을 보러 모스크바에 가는 것이었다. 모든 국민이 열망하는 순례 여행이었다. 레닌은 우리 모두의 아버지이자 가장 좋아하는 삼촌이자 (체코판 산타클로스인) 미쿨라스

Miculas였다. 사진 속 레닌은 다정하게 아이들을 무릎에 앉히고 있거나 양을 안고 있거나 개를 쓰다듬고 있었다. 레닌은 부드러우면서 강인한 사람이었다. 어떤 사진에는 펄럭이는 소련 국기 앞에서 우리를 대신해 세상의 악에 맞서 싸울 태세로 팔을 들고 굳건히 서 있는 모습이 담겼다.

두 번째 소원은 '피오니르pionýr'가 되는 것이었다. '피오니르'는 선행을 하고 훌륭한 공산주의자가 되는 데 부족함이 없는 아이를 의미했다. 아이들 누구나 피오니르가 착용한 작고 빨간 네커치프를 동경했다. 적어도 4학년은 되어야 피오니르가 될 수 있었지만, 나는 그전부터 선행 거리를 찾고 다녔다.

여섯 살 때 사촌 언니 하나Hana와 함께 길을 건너는 할머니를 도운 적이 있었다. 우리 둘은 마주 보고 고개를 끄덕이고는 곧장 할머니에게 다가가 할머니의 양쪽 팔꿈치를 각각 부드럽지만 단단하게 붙잡고서 할머니를 살살 앞으로 밀어 길을 건넜다. 길을 다 건넜을 때 할머니는 어리둥절해하는 표정으로 우리 둘을 쳐다보았다.

"얘들아, 도대체 왜 나를 붙잡고 길을 건넜니?"

언니와 나는 당최 무슨 말인지 이해할 수 없어서 인상을 찌푸렸다.

"열쇠를 어디에 뒀는지 생각하고 있었던 거란 말이다." 할머니가 소리쳤다. "한 걸음만 걸어도 삭신이 쑤시는데, 저 빌어먹을 건널목을 도로 건너가야 하잖아!"

아직은 훌륭한 피오니르가 될 수 없다는 게 입증된 우리 둘은 다시 길을 건너는 할머니를 돕지 않은 채 창피해하며 도망쳐버렸다.

어쨌든 집 안의 모든 창문 모서리에 소련 국기를 붙이는 건 훌륭한 피오니르가 할 만한 일이었다. 나는 내 의무를 다한 것이 자랑스러웠다.

몇 년 동안 사라졌던 어머니가 느닷없이 내 인생에 다시 나타났을 때, 나는 아무 말 않고 어머니와 없던 남동생을 받아들였다. 하지만 어머니가 하는 말은 받아들이기가 어려웠다. 어머니의 말은 내가 아는 모든 것, 내가 보호막이라고 생각했던 모든 것과 상반됐다.

말로 하지 않았지만, 피오니르가 되는 것과 레닌을 보러 가는 것, 이 두 소원을 이룰 수 없다는 사실, 그리고 그게 어머니 때문이라는 사실을 알게 되었다. 내 어머니가 확실한

이 아름다운 여성은 너무나 자주 우리의 가장 친한 친구들을 험담했다. 바비 할머니보다 훨씬 더 심했다. 할머니조차 어머니에게 눈을 흘기며 "아니흐코, 말조심"이라고 말할 정도였다. 나는 학교에 어머니를 신고해야 한다는 걸 알고 있었지만, 동시에 내가 절대 그럴 리 없다는 것도 알았다.

체코슬로바키아는 한때 오스트리아-헝가리 제국, 프로이센, 독일, 마지막으로 소련의 일부였다. 수세기 동안 점령당한 탓에 우리는 외세의 공격을 받아도 포기하는 민족이 되었다. 맞서 싸우는 대신 맥주를 마시러 나갔다. 과격한 반대자들은 창밖으로 몸을 던지는 방식으로 저항했다. 체코는 맥주와 성城이 넘쳐나는 나라였고, 유럽 중심부에 위치해 있었으며, 저항이라고 해봐야 몇몇이 창밖으로 자기 몸을 내던지는 게 다였다. 솔직히 체코를 침략하지 않을 이유가 무엇이었겠는가? 우리가 민족 정체성과 언어를 조금이라도 유지할 수 있었다는 사실이 놀라울 따름이다.

어머니는 괴짜 같은 사람이었다. 무서워하는 게 없는 반골, 골통이었다. 그런 어머니가 또 다른 골통인 우리 아버지와 결혼했다. 1968년, 소련이 체코슬로바키아를 침공했을 때 어머니와 아버지는 비천해질 인생을 직감했고, 그런 운명에서 벗어나기 위해 오토바이 한 대에 아름다운 청춘을 걸었다. 3년 뒤, 어머니는 나를 찾으러 가발과 안경, 가짜 여권으로 무장하고 체코슬로바키아로 돌아왔고, 그 길로 체포됐다. 그리고 임신 7개월의 몸으로 구치소에 갇혀 경찰의 심문을 받았다. 그럼에도 어머니는 가짜 이름과 꾸며낸 이야기를 포기하지 않았다. 내가 아는 우리 어머니는 절대 굴복할 사람이 아니었다. 어머니가 굴복한 건, 경찰이 어머니의 친구들과 가족들을 불러다가 어머니를 아느냐고 물었을 때였다. 어머니의 지인들은 어머니를 보고도 모르는 사람이라고 잡아뗐는데, 멍청한 (어쩌면 겁에 질린) 한 사람이 이렇게 외쳤다고 한다. "안나! 오랜만에 보니 정말 반갑다!"

그 이후, 어머니는 가택 연금 상태로 할머니 댁에서 지냈다. 체코 경찰은 우리 집 바로 맞은편에 있는 아파트를 구해서, 어머니만이 아니라 우리 집에 방문하는 모든 손님을 감시했다. 누구라도 우리 집에 방문했다가는 직장에서 괴롭힘과 협박을 당하게 될 터였다. 이런 상황에서도 어머니가 우정을 유지했던 걸 보면 어머니가 얼마나 매력적이고 사회성이 좋은 사람인지 알 수 있다.

체코 경찰의 삼엄한 감시를 받으면서도 어머니는 조금

도 두려워하지 않았다. 어머니는 자유유럽방송Radio Free Europe 채널을 즐겨들었다. 그 채널은 바깥세상 정보를 접할 수 있는 유일한 창구였다. 그 채널은 러시아 정부가 승인하지 않은 음악을 송출했고, 나라 밖으로 나가면 다른 기회가 있다는 사실, 여기서는 우리에게 주어지지 않는 다른 선택지가 있다는 사실을 알려주었다. 자유유럽방송을 듣는 것 자체가 위험한 일이었고, 금지된 일이었다.

내가 어머니를 신고할 일은 절대 없었지만, 혹시라도 다른 누군가가 어머니를 신고할까 봐 두려웠다. 이 마음은 곧 일상적인 두려움으로 자리 잡았고, 내가 느끼는 모든 감정의 밑바탕이 되었다. 이런저런 사소한 일로 어머니에게 화가 날 때면 내가 어머니를 신고할 수 있다는 생각이 들었다. 그럴 때면 내가 아주 힘 있는 사람이 된 것 같았다. 우리가 누군가를 신고할 수 있다는 생각은 모든 아이에게 엄청난 권력감과 완전한 무력감을 동시에 심어주었다.

어머니와 남동생이 내 앞에 나타난 지 3년 만에 나는 그들과 함께 스웨덴으로 가게 되었다. 두려웠다. 물론 아버지를 만나게 된다니, 아니 그보다는 6년 동안 없던 아버지가 생긴다는 생각에 기쁘기도 했다. 그러나 자본주의 국가에 대해 내가 아는 것 중에 좋은 건 하나도 없었다. 어머니는 스웨덴이 아주 좋은 곳이라고, 거기에 가면 바나나도 오렌지도 아무 때나 실컷 먹을 수 있고, 장난감 가게 창가에 바비 인형이 하나가 아니라 여러 개 진열되어 있다고 누차 얘기했지만, 그런 얘기는 조금도 귀에 들어오지 않았다. 우리의 가장 친한 친구의 보호를 받지 않는 곳이라면, 그게 어디든 시커먼 나무가 무성한 황무지였다. 그런 곳에서는 길을 가다가 갑자기 쓰레기 더미에서 튀어나와 아무렇지 않게 총을 쏘는 사람에게 총을 맞을 것만 같았다.

스웨덴에 도착해서 내 눈으로 직접 보고 난 뒤에야 나는 평생 배웠던 게 모두 거짓이었다는 걸 알게 되었다. 스웨덴은 아름답고 평화롭고 티끌 하나 없이 깨끗했다. 총을 지닌 사람도 없었다. 오랫동안 탐냈던 바비 인형도 마침내 갖게 되었다. 조리대 위에서 갈변할 정도로 바나나가 남아돌았다. 어머니와 아버지, 둘의 친구들은 하고 싶은 말은 무엇이든 할 수 있었다. 내게는 그게 누구든, 무슨 이유로든 당국에 타인을 신고해야 할 의무도 없었다.

물론 내가 바비 할머니나 어머니를 신고한 적은 없었다. 그러나 다른 아이들을 신고한 적은 있었다. 깃발을 꽂지 않은 안나를, 소련 국가를 부를 때 눈알을 굴린 레나를, 비 내리는 날 피오니르 스카프를 밖에다 놔둔 마티나를. 내게 덜 중요한 사람들을 당국에 신고함으로써 내 식구들을 신고하지 않았다는 죄책감과 부끄러움을 덜었다. 그 친구들에게는 아무 일도 일어나지 않았다. 우리를 어떻게 하려고 아이들에게 신고의 의무를 지운 게 아니었기 때문이다. 그 목적은 아이들에게 친구들을 신고하는 것이 자연스럽고 선한 일이라고 가르치는 것, 그래서 성인이 되어서도 거리낌 없이 직장 동료, 친한 친구, 연인을 신고하게 만드는 것이었다.

우리는 동기든 친구든 반려자든 심지어 부모까지도 필요하면 버릴 수 있는 존재라고 세뇌되었다. 우리의 진정한 부모는 국가였다. 우리의 진정한 가족은 공산당이었다. 당국이 우리를 돌봐주고 우리의 필요를 채워줄 것이었다. 당국은 결코 우리를 버리지 않을 것이었다. 아무리 사랑하는 가족이라도 공산당만큼 신뢰할 수는 없었다. 가족에겐 힘이 없었다. 가족에게 화가 나면 이들을 신고해도 됐다. 전체주의 국가에서 산다는 건 이처럼 기저에 불신이 깔려 있다는 것이었고, 이는 정말 가장 해로웠다. 주변에 안전한 사람은 아무도 없다. 어떤 관계든 의심하고 의심받는다.

이것이 점령의 진정한 공포다. 정말 무서운 건, 눈에 보이는 게 아니라 보이지 않는 것이다. 주거지 부족, 식량 배급을 받기 위해 길게 늘어선 줄, 검열, 물질적 선택의 부족 같은 게 무서운 게 아니다. 정말 무서운 건 생각의 자유가 없는 상태다. 생각하는 것조차 허락되지 않는다. 혹여 반대되는 생각을 했다가는 좌절감을 느끼거나 친구에게 속 얘기를 할 때 실수로 뱉을 수가 있다. 그리고 그랬다가는 우리가 알던 삶을 몽땅 잃을 수 있다. 우리의 생각이 담긴 우리의 정신이 침략당하는 것이다.

점령당한 건 바로 우리 자신이다.

누구도 믿을 수 없다면, 타인을 어떻게 사랑하겠는가? 우리의 생각이 우리 것이 아니라면, 우리가 어떻게 사랑받겠는가?

어릴 때는 작은 통 안에 쉽게 몸이 들어가지만, 성장한 뒤로도 그 안에 머물러 있으려면 계속해서 자세를 이리저리 바꾸고 몸을 구겨야 한다. 그렇게 수년간 있다 보면, 나중에는 그 통에서 벗어나더라도 스스로 설 수 없게 된다.

사랑하는 남자가 나를 쥐락펴락 소유하려고 할 때 내가 행복하다고 느낀 이유도 아마 여기에 있을 것이다.

내 혼인 생활은 일종의 점령과도 같았다. 나는 열아홉 살 때, 탱크로 내 인생을 밀고 들어오는 릭을 보았고, 그런 그를 꽃과 환호로 맞이했다. 점령당하며 나는 안전하다고 느꼈다. 고향에 온 기분이었다.

나이가 들고 성숙해지면서 나는 내게 주어진 경계를 서서히 넘어서기 시작했다. 그래서 이런 점령을 내가 여전히 사랑으로 여기고 있다는 걸 깨달았을 때 큰 충격을 받았다. 나는 여전히 점령과 같은 사랑을 바라고 있었다. 나를 땅으로 끌어내려 사랑하는 사람의 세계에 고정하는 외부 압력이 있어야 사랑받는다고 느꼈다. "당신의 모든 것이 나를 향했으면 좋겠어. 항상. 깨어 있는 모든 순간을 나와 함께했으면 좋겠어. 당신이 나를 완성해줘야 해." 이게 바로, 사랑이라는 집에 들어가는 내 빌어먹을 굴뚝이었던 것이다.

러시아를 주제로 쓴 시로 나는 1학년 전체에서 1등을 했다. 생각나는 건 마지막 구절뿐이다. "둘도 없는 우리의 단짝 친구, 소련!" 부상으로 러시아제 만년필을 받았다. 만년필은 한 번도 제대로 나온 적이 없었다.

이제야 나는 소유와 사랑이 동의어가 아니라는 사실을, 점령을 당한다고 해서 버림받을 일이 없어지는 게 아니라는 사실을 배웠다. 실은 정반대다. 점령자가 그 땅을 버리고 떠나면, 그곳에는 자립하는 방법을 모르는 이들이 남게 된다. 사상의 자유가 없는 관계에서는 어떤 일이 일어날까? 우리가 스스로 생각할 수 없다면, 우리는 누구인 걸까? 타인의 생각과 욕망을 모아놓은 집합체가 되는 셈이다. 그렇게 되면, 우리는 우리를 조립한 사람에게만 가치 있는 존재가 되며, 그들의 규칙대로 기능하지 않는 순간 그 가치를 잃고 만다.

적어도 이것만큼은 내가 배웠기를 바라지만, 잘 모르겠다. 사실은 지금도 "너는 내 거야"라는 말을 듣고 싶어 한다. 이 사실이 너무 무섭다.

지금 내 나이에 내 인생을 밀고 들어오는 탱크가 해방자나 구세주, 보호자가 아니라는 사실을 이해할 만큼은 배웠기를 바랄 뿐이다. 내가 바라는 안전함은 무장한 상태로 오지 않는다. 내 소망은 두 나라가 하나로 합쳐지는 게 아니라 두 나라가 열린 국경을 갖는 것이다. 내 소망은 내가 점령당하길 기다리는 무방비의 영토로 더는 살지 않는 것이다.

모든 여성은 아름답다

아침에 일어나 눈을 떴다. 그러니까 겨우 눈을 떴다고 할 만큼 가늘게 실눈을 떴다. 굳이 거울을 보지 않아도 밤사이에 눈이 퉁퉁 부었다는 걸 알 수 있었다. 급히 욕실로 가서 거울을 보니 아니나 다를까, 눈이 있어야 할 자리에 작은 씨앗이 콕콕 박힌 자이언트 사이즈 딸기 두 개가 있었고, 파란 구슬 같은 내 진짜 눈알은 보이지도 않았다.

까무러치게 놀라지는 않았다. 결국 이걸 위해 돈을 쓴 것이었으니까.

사나흘이면 부기가 가라앉을 것이고, 눈 주변에 수십 개의 보랏빛 점이 남을 것이다. 거기 앉은 딱지들도 며칠 뒤에는 다 떨어지리라는 걸 나는 알고 있었다. 피부과 의사에게 받은 세럼을 얼굴에 살살 두드려 발랐다. 햇볕에 탄 것처럼 피부가 살짝 그을려 있었다.

초인종이 울렸다. 현관문 너머에 서 있을 상대방이 날 보고 놀라지 않도록 나는 문을 열기 전에 '재키 스타일(재클린 케네디의 패션 스타일을 일컫는 말—옮긴이)'의 거대한 선글라스로 눈을 가렸다. 아침 7시 30분에 고양이 얼굴이 그려진 파자마를 입고 큼직한 선글라스를 쓴 내 꼴을 UPS 배달원이 이상하게 볼 순 있겠지만, 적어도 911에 신고당하는 일을 피할 순 있을 터였다. 그렇다, 그 정도로 상태가 무시무시했다.

피부과에 가서 얼굴에 이 작은 점들을 새기고 왔다. 천연 콜라겐을 보충하기 위해서였다. 눈 주위의 피부를 끌어올리고 톤을 정리해주는 시술이었다. 효과가 어느 정도냐고? 모르긴 몰라도 엄청나진 않을 것이다.

그런데 이 시술을 왜 받았느냐고? 나는 중년 여자니까. 우리 사회가 추종하는 미의 기준에 미치지 못하자 사람들은 더 이상 나를 봐주지 않았다. 나는 평생 '비주얼'에 기반한 삶을 살았고, 이는 열다섯 살 때부터 내 생계 수단이었다. 이것을 잃는 순간 내 정체성, 내가 아는 나의 큰 부분을 잃을 것 같았다. 그렇게 나는 주름을 펴고, 피부에 매끈함과 탄력을 더해준다고 약속하는 크림이란 크림을 모조리 사들이는 여자가 되었다. 시곗바늘을 되돌리는 마법 같은 제품은 존재하지 않는다는 걸 누구보다 잘 알면서도 그랬다. 시간을 어디로 되돌리느냐고? 젊음으로, 그러니까 '비주얼'이 살아 있는 젊음으로 되돌리고 싶었다.

아이러니하게도, 아름다움의 정점이라고들 말하는 젊은 시절에 나는 나이 드는 게 기다려진다고 지껄여댔다. 당시 내게 나이 듦이란 지혜와 자신감의 상징이었다. 당시 나는 지혜와 자신감이 몹시 부족했고, 사람들이 나를 외모로만 평가한다는 것도 알고 있었다. 그래서 나이가 들면 바라던 대로 지혜와 자신감을 얻을 수 있을 거라 기대한 것이다.

뇌리에 깊이 박힌 프랑스 속담이 하나 있다. '노화는 못생긴 사람들의 복수'라는 속담이다. 젊을 때 이 속담을 얼마나 말하고 다녔는지 모른다. 스웨덴에서 보낸 십 대 시절에 항상 못생긴 애 취급을 받아서인지 나는 잡지 표지에 실린 내 얼굴을 보고도 예쁘거나 아름답다고 생각하지 않았다. 그래서 이 속담의 의미를 누구보다 잘 안다고 생각했다. 이런 나를 주변 사람들이 얼마나 한심하게 생각했을까. 그들은 외모 하나로 엄청난 돈을 벌어들이는 이 예쁘장한 아가씨가 쥐뿔도 모르는 주제에 '진실'을 논한다며 혀를 찼을 것이다. 나는 꽤 어린 나이였지만, 개성을 갖춘 여성이 되고 싶었다. 개성을 갖춘 여성이란 내게 어떤 의미였을까?

그러니까 나는 졸리 레이드jolie laide(예쁘지는 않지만 사랑스러운 여자—옮긴이)가 되고 싶었다.

어느 늦은 저녁, 파리의 한 나이트클럽에서 빠져나온 뒤, 친구 자크Jacques와 퍼블리시 드럭스토어Publicis Drugstore에 가서 화이트 러시안White Russian(보드카에 깔루아 등의 커피 리큐어, 크림을 더해 만드는 달콤한 칵테일—옮긴이)에 감자튀김을 먹고 있었다. 퍼블리시 드럭스토어는 전자제품이며 약, 담배, 아이스크림, 버거 등 온갖 잡동사니를 파는 작은 쇼핑몰인데, 밤늦게까지 문을 열었다. 우리는 샹젤리제 거리의 끝이 내다보이는 창가에 앉아 개선문을 바라보며 감자튀김을 먹어치웠다.

그때 그 여자가 안으로 들어왔다.

짙은 갈색 단발머리는 마구 헝클어져 있었고, 갈고리처럼 툭 튀어나온 코 아래로 진홍색 입술이 일자로 쭉 그어져 있었다. 짙은 눈동자는 가운데로 몰려 있었고, 피부는 창백했다. 흰색과 파란색이 섞인 줄무늬 보트넥 티셔츠에 청바지를 입고, 큼직한 모터사이클 재킷을 어깨에 걸치고 있었다. 뻔뻔해 보일 만큼 툭 튀어나온 귀에는 커다란 금 귀걸이가 달려 있었다.

물을 것도 없이 못생긴 얼굴이라고 생각했다. 그리고 당황스럽게도 여자는 그런 결점을 되레 강조하려고 무던히 애쓴 듯했다. 여자는 여왕의 자신감을 뽐내며 우리 바로 옆 테이블 의자에 털썩 앉았다. 여자는 아이리시 커피를 한잔 주문한 뒤 담배에 불을 붙였고, 몇 분 만에 테이블에 앉은 남자들 한 무리를 사로잡았다. 남자들은 그 여자에게 서로 술을 사겠다며 법석을 떨기 시작했다.

도무지 이해되지 않았다. 유명한 여자인가? 자크에게 물어보았다.

"아닐걸." 한동안 그 여자에게 눈길을 떼지 못한 자크가 대꾸했다. "근데 완전 쿨하잖아. 안 그래?" 자크는 '쿨'이라는 단어를 짧고 강하게 꼭 프랑스어처럼 발음했다.

그 여자를 쳐다보았다. 쿨하다고? 그래, 그런 것 같기도 했다. 옆자리 빈 의자에다 하이힐 신은 발을 올리면서 웃는 여자를 가만히 지켜보았다. 그래, 아니, 여자는 쿨했다. 정말 쿨했다.

"딱 '졸리 레이드'야." 자크가 말했다. 눅눅해진 감자튀김을 씹으면서 그는 '졸리 레이드'를 번역하면 말 그대로 '예쁜데 못생겼다는pretty-ugly' 뜻이라고 설명했다. 프랑스인들은 미의 기준을 논할 때면 이렇게 비전형적인 매력을 갖춘 여자들을 위해 특별한 자리를 남겨두는 듯했다.

"저런 여자친구를 사귀면 말이야" 자크가 그 여자 쪽을 향해 고개를 까딱거렸다. "나도 같이 쿨해지는 거야. 무슨 말인지 알지?"

무슨 말인지 몰랐지만, 그 여자를 가만히 보고 있으니 예쁜 구석이 점점 눈에 들어왔다. 여자는 못생겼지만, 유쾌하게 못생긴 얼굴이었다. 보면 볼수록 예뻐 보이는 얼굴이었다. 처음엔 입술을 너무 얇아 보이게 만든다고 생각했던 붉은 립스틱이 이제 관능적으로 보였다. 여자의 입술은 통통하고 도톰하기보다 비밀스러운 쾌락으로 향하는 좁은 입구 같았다. 거기서 쏟아져 나오는 신랄한 재치를 넘어서야만

맛볼 수 있는, 숨은 쾌락으로 향하는 입구. 가운데 혹이 있는 굴곡진 코도 우아해 보였다. 뾰족한 귀는 헝클어진 곱슬 머리를 정리해 넘기기에 안성맞춤이었다.

계산을 마치고 자리에서 일어날 무렵, 나는 당장 빨간 립스틱, 파란색과 흰색이 섞인 줄무늬 보트넥 셔츠, 가죽 재킷을 사야겠다고 마음먹었다.

"못생긴 사람이 아름다울 수는 있지만, 예쁜 사람이 아름다울 순 없다." 톰 로빈스Tom Robbins가 쓴 소설 《카우걸 블루스Even Cowgirls Get the Blues》에 나오는 말이다. 예쁨과 아름다움은 동의어가 아니다. 예쁜 건 누구나 알 수 있다. 어딘가 조금 밋밋하기 때문에 눈에 거슬리지 않는다. 듣자마자 마음에 드는 팝송처럼. 그러나 오래가지 못한다. 기억에 남지 않는다. 개성이 없다. 사실 예쁘다는 건 개성의 정반대되는 말이다. 다수를 만족시킨다는 건 누구에게도 불쾌감을 주지 않는 중간 정도의 특징을 가지고 있다는 의미다. 그리고 바로 그런 이유로 예쁨은 누구에게도 깊은 감동을 주진 못한다. 예쁨은 단순하다. 젊음과 비례한다. 대칭이 잘 맞고 노화의 흔적이 없는 얼굴은 거의 항상 예뻐 보인다. 신선하고, 생기 넘치고, 빛난다. 매력적이다. 그러나 그런 얼굴이 아름답냐고? 그렇지 않다.

졸리 레이드는 유니크하다. 졸리 레이드는 처음엔 눈에 거슬릴 수 있다. 그러나 잊히지 않는다. 한눈에 받아들이기 쉽지 않다는 사실에 그 아름다움이 존재하는 것이다. 매끈하게 예쁜 얼굴과는 다르게, 졸리 레이드가 지닌 아름다움은 날카롭다. 이들의 아름다움은 우리에게 약간의 상처를 주고 흉터를 남긴다.

예쁨과 달리 아름다움은 매끄러운 피부나 대칭을 이루는 이목구비에 의존하지 않는다. 사회에서 주목하는 미의 기준에 따르지도 않는다. '추함'을 '예쁨'의 반대라고 여긴다면, 이건 추할 수도 있다. 아름다움이 젊음과 공존하지 않는다는 건 아니다. 공존할 수 있다. 그러나 아름다움은 젊음에 의존하지 않는다. 진정한 아름다움은 숨겨져 있을 때가 많다. 졸리 레이드의 아름다움이 그렇듯, 인내심 있는 사람의 눈에만 보인다.

사람들의 눈길을 받지 못하는 건 아름다움이 부족해서가 아니다. 매력이나 예쁨이 부족해서다. 나이 든 여자가 눈길을 받지 못하는 건, 더 이상 매력적인 여자로 여겨지지 않아서다. 중년 여성이 다른 사람들 눈에 보이지 않는 건 그들의 관심 밖에 있기 때문이다. 중년 여성이 이런 상황에 맞닥뜨리는 건 대개 연애를 할 때지만, 그렇다고 연애사에 국한되는 것도 아니다. 중년 여성은 식당 종업원의 눈길도, 신발 가게 점원의 관심도 끌지 못한다. 크리스마스 식사에 쓸 칠면조를 주문하러 슈퍼마켓에 가서도 마찬가지다. 보고서를 아무리 훌륭하게 작성해도 직장 상사는 중년 여성인 우리에게 관심을 주지 않는다. 우리가 그들 눈에 들지 않는 건 그들에게 매력적이지 않아서다. 그럼에도 우리가 아름다울 순 있다(사실 나는 그렇다고 믿는다). 사람들 눈길을 끄는 것과 아름다움이 꼭 서로 연관되는 건 아니다. 아름답지만 예쁘거나 매력적이지 않다면, 여전히 많은 사람의 눈에 우리는 보이지 않을 수 있다.

대칭이 잘 맞는 젊은 여성은 예쁘다. 이런 논리대로라면 노화의 흔적은 예쁘지 않다. 팔자 주름, 처진 눈꺼풀, 눈가 잔주름을 보고 우리는 예쁘다고 하지 않는다.

나는 지금 모든 사람의 내면이 아름답다는 지긋지긋한 소리를 하려는 게 아니다. 오히려 모두의 외모가 아름답다는 사실을 강조하는 것이다. 우리는 아름다움이 아니라 예쁨,

신선함, 젊음을 추구하도록 배웠다. 그러나 예쁨이 사라지고 우리가 추하다고 여기는 노화의 현상이 나타날 때부터 우리 얼굴에 개성과 그 자체의 아름다움이 드러나기 시작한다. 우리 모두의 얼굴에서.

늙어가는 내 얼굴과 몸을 내가 어떻게 바라보든 그것과 관계없이, 나는 특정 나이가 된 여성이 아름답게 보인다.

나는 처진 눈꺼풀을 좋아한다. 약간 졸린 듯 나른해 보이며 관능미가 느껴진다. 침실을 떠올리게 한다. 사랑을 나누고 막 잠든 것처럼, 육체의 쾌락과 구깃구깃해진 침대 시트가 눈두덩에 각인되어 있는 것 같다.

미간에 패인 11자 주름도 멋있다. 11자 주름은 깊이 사색하는 여성, 자기 삶의 존재감을 확실히 드러내며 살아온 여성처럼 보이게 한다.

눈가의 잔주름은? 그건 웃음이 만든 지도다. 햇빛에 눈을 가늘게 떴던, 사랑하는 이들을 바라보며 웃음 지었던, 지난날 가장 즐거웠던, 그런 모든 순간이 담긴 역사다.

입가의 주름도 아름답다. 입가의 주름은 늦은 밤 자욱한 클럽 안에서 담배를 피울 때 생겼을 수도 있고, 평생 수많은 사람과 키스를 나누어서 그 흔적이 입가에 영원히 새겨진 것일 수도 있다.

이마를 가로지르는 주름에는 그동안 목격했던 모든 즐거움, 그동안 열어본 선물, 와락 안겼던 품, 예기치 못했던 새로운 순간이 담겨 있다.

목에 선 힘줄은 인생의 풍파를 가르는 돛과 같다. 그대를 앞으로 나아가도록 이끌어준다. 그대의 목은 굳건하고 강인해 보인다. 그 힘줄은 우리의 고개를 그리고 삶의 역사를 꼿꼿이 받쳐주는 용기와 힘을 상징한다.

겹겹이 접히는 뱃살이며 허벅지살, 팔뚝살을 이른 아침 침대 위의 구겨진 실크 시트라고 생각하면 어떨까? 그런 침대가 매끈하게 정리된 침대보다 훨씬 더 흥미롭지 않은가. 사랑을 나눈 역사가 있기에 그렇다.

나는 그대가 살아온 인생을, 그대의 얼굴과 몸에 새겨진 삶을 사랑한다. 그대의 (늘어진) 피부가 곧 그대의 역사다. 이들이 그대를 더욱 아름답게 한다.

나 자신의 얼굴을 이런 눈으로 바라보지 못하는 이유는 무엇일까? 눈 주변 피부를 조금 더 매끄럽고 도톰하게 재생하려고 굳이 레이저를 쏴서 점점이 상처를 만드는 이유가 무엇일까? 시장에 나오는 온갖 노화 방지 제품을 어째서 외면하지 못할까? 거울 속 내 얼굴과 어째서 매일같이 싸우는 걸까?

내가 여러분을 보는 눈으로 나 자신을 바라본다면 얼마나 좋을까.

나는 여러분과 내가 아니라 나와 나 자신을 비교하는 것이리라. 젊고 예쁜 여자였던 나와 나이 들어 개성을 갖춘 나. 개성을 갖춘 얼굴은 독창적인 예술 작품과 같은 얼굴이다. 아름다움이 깃든 얼굴.

나는 둘 중 하나를 선택해야 한다. 사람들이 봐주지 않는 것에 대항하는 전쟁 또는 자기 수용을 향한 전쟁을.

사람들이 봐주지 않는 것에 대항하는 전쟁을 택한다면, 전문가의 도움으로 내 얼굴과 맞서 싸울 수 있다. 현대 기술로 주름과 처진 살을 없앨 수 있다. 인생의 주무대에 조금 더 오래 설 수 있도록 시간을 벌 수 있다. 보톡스, 필러, 각종 시술을 받으면 다시 예뻐질 수야 있겠지만, 그 대가로 나는 개성을 포기해야 한다. 오랜 세월 그토록 애써서 얻은 고유한 개성을. 보톡스는 내 주름뿐만 아니라 개성도 함께 지운다. 예뻐지기 위해 아름다움을 지우는 것이다. 여자들이 보톡스와 필러를 맞는 이유를 나도 이해한다. 이런 시술들은 우리를 다시 예쁘게 만들어준다. 아름다움이나 개성과 달리 예쁨은 다른 사람들의 눈길을 받는다. 그런 의미에서 보톡스와 필러는 타인의 눈길을 받고 싶어 하는 사람들에게 최고의 선택지가 될 수 있다. 그런데 내가 가장 원하는 건 무엇일까? 사람들의 눈길을 받는 것? 나만의 개성? 예쁨? 아니면 인생의 모든 기쁨과 슬픔이 새겨진 내 얼굴?

자기 수용의 전쟁에서 내 적은 바로 나 자신이다. 이 전쟁은 나를 지우기 위한 싸움이 아니라 자신감, 자기 확신, 자기 수용을 쟁취하기 위한 싸움이다. 선한 모습이든 악한 모습이든 아름다운 모습이든, 나는 내 모습 그대로 남들에게 보이기를 희망한다.

운명과 선택

　정확한 나이를 알 수는 없었지만, 파니 루소바는 예쁘장하고 통통하고 땅딸막했다. 딸기빛깔로 염색한 곱슬곱슬한 파마머리를 스프레이로 고정해서 꼭 헬멧을 쓰고 있는 것 같았다. 같은 또래의 다른 여자들은 늘어가는 뱃살 위에 칙칙한 치마와 스웨터를 걸치고 다녔는데, 파니 아줌마는 파스텔톤 옷에 스카프와 장신구를 착용했다. 어쩐지 우리가 살던 작은 마을인 프로스테요프에 어울리지 않는 사람이었다. 그야말로 군계일학이었다. 파니 아줌마는 우리 집 위층, 배관이 없는 작은 방에 살았다. 용변을 보거나 물을 쓰려면 우리 집으로 내려왔다. 어릴 때는 우리 가족의 일상에 파니 아줌마가 존재하는 걸 이상하게 생각하지 않았는데, 성인이 된 이후 그가 어떤 삶을 살았는지 궁금해지기 시작했다. 그러나 내가 알게 된 사실이라고는 파니 아줌마가 전쟁 중 숨겨진 유대인일지도 모른다는 것뿐이었다.

한집에 살 때는 파니 아줌마가 살던 작은 방에 자주 놀러 갔다. 방문이 열려 있는 날이 많았고, 문 옆에는 레이스 커버가 깔린 일인용 침대가 있었다. 창가에 놓인 책상에는 물병 하나와 설거지용 대야가 있었다. 침대와 책상을 제외하면 자질구레한 장식품이 작은 방 대부분을 차지했는데 나는 그것들을 아주아주 좋아했다. 그중에서도 특히 귀리 줄기로 만든 다발이 예뻤다. 반짝이는 사탕 포장지로 귀리 한 알 한 알을 정성스럽게 감싼 것이었다. 포장지에 싸인 건 줄기가 아니라 줄기에 달린 귀리, 완두콩보다 작은 귀리였다. 작은 귀리 한 알 한 알이 둥지를 틀고 서로 겹쳐 있었다. 일일이 포장해 다발을 만들기까지 족히 몇 주는 걸렸을 터였다. 체코슬로바키아에서 삶은 거의 칙칙하고 암울하고 따분한 색채였다. 건물들은 그을음으로 뒤덮여 있었고, 옷은 너무 많이 빨아서 본연의 색을 잃은 지 오래였다. 그러나 귀리 다발은 달랐다. 이것만큼은 순수한 색채를 지니고 있었다.

파니 아줌마는 사탕 포장지와 귀리만으로 마법 같은 걸 만들어냈다. 나는 홀딱 반할 수밖에 없었다.

"파블린카Pavlinka(폴리나의 본명이 파블리나Pavlina다.─옮긴이)!" 파니 아줌마는 나를 이렇게 불렀다. "이리 와봐. 내가 재미있게 보여줄게." 파니 아줌마는 모국어가 체코어가 아니라서 문법이 완벽하지 않았다. 연자음 r을 제대로 발음하지도 못했는데, 사실 이건 모든 언어를 통틀어도 가장 어렵기로 손꼽히는 발음이긴 했다. 아줌마가 하려던 말은 '재미있게'가 아니라 '재밌는 거'였다. 그리고 정말로 언제나 내게 재밌는 걸 보여주었다. 새로 산 복숭아색 매니큐어를 내 새끼손톱에 발라주기도 했다. 딱 새끼손톱에만. 매니큐어는 값비싼 물건이었고, 파니 아줌마는 가난했기 때문이다. 내게 새 립스틱을 보여줄 때도 있었다. 그럴 때면 립스틱 케이스를 비틀어 열어서 달착지근한 분내를 맡게 해주었다. 언젠가는 반짝이는 귀리 다발을 만드는 방법도 보여주었다. 우리 둘은 침대에 앉아 있었는데, 아줌마가 서랍을 열자, 그동안 모아둔 형형색색의 포일 사탕 포장지가 모습을 드러냈다. 손톱 가위를 써서 사탕 포장지를 작은 네모로 자른 다음, 작은 귀리 씨앗을 정성스럽게 감싸는 파니 아줌마의 모

습을 나는 가만히 바라보았다. 그렇게 아름다운 물건을 본
건 살면서 처음이었다. 영롱하게 반짝이는 물건을 보고 있
으니 1년에 단 한 번, 내가 사는 잿빛 세상이 빛과 색깔로
반짝이는 시기인 마법 같은 크리스마스가 떠올랐다.

언젠가 위층에 있다가 집으로 내려가려는데, 파니 아줌
마가 갑자기 생각났다는 듯 내 손금을 봐주었다. 아줌마는
내 손을 잡고서 손금을 따라가며 각각의 선이 무엇을 의미
하는지 차근차근 설명해주었다.

"봐봐, 이게 감정선이야." 내 손가락 아래 첫 번째로 있는
가로로 난 선을 가리키며 말했다. "이건 두뇌선, 어떤 것 같
아? 맞는 것 같아?" 그가 말을 이었다. "그리고 이거는 생명
선. 얼마나 오래 살지 알 수 있지." 아줌마는 내 손목을 향해
길고 둥글게 내려오는 선을 손끝으로 따라가며 말했다. "조
금씩 끊긴 건 변화를 의미해. 좋은 변화일 수도 있고 나쁜
변화일 수도 있지." 더 자세하게 말해주진 않았다. 나는 손
금에 흥미가 생겼고, 나중에는 친구들의 손바닥을 펼쳐 잡
고 아주 권위 있는 모습으로 그들의 미래를 예측하곤 했다.

손금 보기는 아주 재미있었고, 분위기를 띄우는 데도 제
격이었다. 파리 사람들, 특히 남자들에게 인기가 좋았다. 손

금을 봐주겠다는 내 손을 뿌리친 사람은 단 한 명도 없었다.

그렇게 남자들의 손금을 봐주다가 어느 날 저녁 모임에서 한 청년을 만났다. 갈색 곱슬머리에 거친 미소를 지녔던 올리비에Olivier는 꼭 축구 선수 같았다. 그는 기다란 식탁에서 내 옆자리에 앉았다. 프랑스의 캐주얼한 레스토랑이나 카페처럼 식탁보 위에 종이로 된 테이블 매트가 한 장씩 깔려 있었다. 우리는 감자튀김을 곁들인 스테이크 오 푸아브르steak au poivre(후추 스테이크—옮긴이)에 레드 와인을 홀짝이며 시시덕거렸다. 올리비에가 가족 소유의 포도밭이 있다며 내게 보여주겠다고 말했다. 다음 주말에 갈까요? 그가 참가 중인 자동차 경주가 다 끝난 뒤에 가자는 얘기였다. 나는 그의 손을 끌어당겼다.

"내가 여기에 있는지 먼저 좀 보고요." 내가 말했다. "당신의 애정선에요."

그가 식탁에 두 손바닥을 위로 향하게 올려놓았다.

"없으면, 데이트는 물 건너가는 거예요?" 그가 장난스럽게 물었다.

맨 먼저 눈에 들어온 건 양손 손금이 똑같다는 사실이었다. 이런 손금은 처음이었다. 그리고 생명선이 무척 짧았다.

"음." 내가 웃음을 터뜨리며 말했다. "손금에 따르면, 당신은 이미 죽은 목숨이에요."

"그럼, 만에 하나 제가 다음 주까지 살아 있을 경우에 어디로 데리러 가면 될지 알려줘요."

그는 내 번호를 받아갔다. 카페 앞에서 그와 달콤한 입맞춤을 나누고서 나는 택시에 올라탔다. 차창 밖으로 그에게 손을 흔들었다.

우리는 끝내 데이트 기회를 얻지 못했다. 그는 자동차 경주에서 목숨을 잃었다. 그 이후로 나는 손금 보는 것을 훨씬 더 조심했다. 술을 거나하게 마시는 날이면 또 손금을 봐주겠다는 말이 튀어나왔지만, 이제 나쁜 건 굳이 말하지 않고 긍정적인 결과를 가져올 수 있는 것들만 말했다. 그동안 손금을 하도 많이 봐서 이제는 딱 보면 보였다. 나는 손금을 아주 잘 봤다. 남편이 위저Weezer라는 새 밴드의 첫 앨범을 프로듀싱할 때였다. 그때 나는 임신 8개월이었는데, 녹음실에 앉아 아기에게 입힐 스웨터를 뜨다가 거기 있던 모두의 손금을 봐주게 되었다. 당시 베이스 연주자였던 매트 샤프Matt Sharp는 훗날 위저를 떠나 더 렌털스The Rentals를 결성했고, 더 렌털스의 멤버로서 발표한 첫 싱글 앨범에서

「프렌즈 오브 피Friends of P」라는 곡으로 내가 손금을 봐주었던 그 순간을 추억했다.

이제는 호감 가는 사람을 만나면, 상대가 허락하는 한 최대한 빠르게 그의 손금을 보려고 한다. 내게 손금이란, 나만 해독할 수 있는 언어로 쓰인 아주 간략한 사용 설명서와 같다. 손금을 보면 상대방의 본질을 살짝 알 수 있다. 손금에서 내가 읽는 걸 상대에게 전부 다 얘기하지는 않는다. 손금에서 보는 것 대부분은 번쩍하고 나타났다 사라지는 빛줄기 같다.

양손 손금은 다르다. 왼손은 운명의 손이다. 왼손 손금은 우리에게 주어진 운명을 드러낸다. 오른손 손금은 변화한다. 오른손 손금을 보면 현재의 사고방식이 우리에게 어떤 영향을 미치는지, 우리의 운명을 어떻게 바꿀 수 있을지 알 수 있다. 올리비에처럼 두 손이 완벽하게 일치하는 경우는 매우 드물다.

내가 보는 것 대부분을 우연으로 치부할 수도 있다. 물론 내가 항상 맞는 건 아니다. 물론 내 손금도 읽을 수 있다. 그래서 나는 쉰 살 무렵 내 인생이 급격히 달라지리란 걸 알고 있었다. 나는 그게 질병 때문이라 여겼고, 그걸 계속 견디며 살게 될 거라 짐작했다. 내 인생의 큰 사랑은 둘이다. 하나는 릭을 향한 사랑이다. 아주 뚜렷한 선이 길게 두뇌선과 운명선을 가로지르는데, 이는 일반적으로 좋게든 나쁘게든 해당 영역들에 영향을 미친다는 걸 의미한다. 두 번째 큰 사랑은 아직 다가오지 않았기를 바라며 기도한다.

릭 이후에 첫 남자친구가 되었던 남자를 만났을 때 그의 손금을 봤다. 하지만 거기에 우리의 사랑은 없었고, 그래서 무척 실망했다. 왜 없는 거지? 결국 나는 손금 풀이를 말도 안 되는 거라 믿기로 마음먹었지만, 혹시 뭐라도 달라졌을까 싶어서 그의 오른 손바닥을 계속 확인했다. 그의 손바닥을 마지막으로 확인했을 때는 우리 관계가 이미 끝난 지 오래였다. 그는 그냥 친구로 지내고 싶다고 분명하게 말했는데, 여전히 나는 그의 손금에서 내 존재를 간절히 찾고 싶어했다. 내가 옆에 앉아 그의 손바닥을 보려 하자, 그가 움찔했다. 그의 손금은 항상 똑같았다. 감정선 주변으로 자잘하고 사사로운 선이 가득했다. 나는 그에게 내 손바닥을 들이밀며 내 손금을 보여주었다.

"여기 봐, 여기에 당신이 있잖아." 내 감정선 한가운데 깊이 박힌 선을 가리키며 말했다. 그는 짜증스러운 표정으로 한숨을 내쉬더니 손을 치웠다. 내 인생에서 그는 그렇게 중요한 존재인데, 나는 그의 삶에 그저 많은 사람 중 하나라는 걸 받아들이려니 정말 참담했다.

그러니까 결국, 손금은 거짓말하지 않았는지도 모른다.

내면의 불안이 너무 큰 탓에 내 직감을 신뢰하기는 어렵지만, 손은 진짜다. 내 앞에 견고하게 존재한다. 손금은 바로 거기에 있다. 그대의 손이 바로 당신이다. 손금은 당신만의 고유한 것이다.

그러나 약간의 해석이 필요하다.

나는 누군가의 손에 적힌 사건들을 들여다보고 내 나름의 방식으로 읽어낸다. 결국은 이런 것이다. 내 관점. 순간에 관한 내 해석이다.

여러분은 인생을 어떻게 해석하기로 선택하는가? 좋고 나쁨의 의미를 어떻게 부여하기로 선택하는가?

어릴 적 우리 부모님이 나를 두고 떠났을 때 나는 내 귀가 커서 그렇게 된 거라고 믿었다. 아버지는 오토바이가 있었는데, 기분이 좋을 때면 나를 오토바이 앞쪽 연료통 위에 앉히고 천천히 동네를 한 바퀴 돌아주었다. 내가 "아빠, 더 빨리요"라고 조르면 아빠는 그저 웃으며 이런 농담을 건넸다. "이보다 더 빨리 갈 순 없어. 네 귀가 커서 바람을 많이 맞으면 그대로 날아가버릴 수도 있거든." 부모님이 내 삶에서 사라졌을 때 나는 두 분이 더 빨리 가고 싶어서 그런 거라고 생각했다.

나는 그 상황을 이렇게 이해했다. 그건 부모님이 날 떠난 이유를 받아들일 유일한 해석이었다. 그리고 이건 어린 시절의 내가 내 삶을 해석하는 방식이었다. 그러나 이제는 그때 일을 이런 식으로 해석하지 않는다. 나이 듦이란 이렇게 멋진 것이다. 오래 살고 더 많은 걸 경험할수록 상황을 더욱 잘 해석하게 된다. 그리고 더 잘 해석할수록 더 나은 선택을 하게 된다.

앞서 말했듯이 우리는 두 개의 손을 지니고 있다. 왼손은 운명의 손, 오른손은 선택의 손이다. 대부분은 양손 손금이 다르다. 나는 이걸 이렇게 생각한다. 운명은 우리를 쥐고 흔든다. 우리는 우리가 통제할 수 없는 환경에서 태어난다. 우리 자신에게, 우리가 사랑하는 이들에게 행운과 불운이 닥친다. 그러나 이를 어떻게 해석할지는 우리가 선택할 수 있다. 이는 우리가 통제할 수 있는 유일한 것이기도 하다.

우리는 삶의 의미를 선택할 수 있다. 운명이 우리에게 준 것에 어떤 의미를 부여할지 스스로 선택할 수 있다.

우리 삶에 일어나는 일을 해석하고 받아들이는 데서 우리의 힘이, 궁극적으로 평화가 비롯된다. 우리는 저마다의 목적에 맞게 우리의 길을 해석할 수 있다. 앞에 닥친 모든 사건을 이해하려고 노력하지 않으면, 어디로 가는지 모른 채 바람이 이끄는 대로 하염없이 떠도는 민들레 홀씨가 되기 십상이다.

내가 손금 풀이를 믿느냐고? 그렇기도 하고, 아니기도 하다. 나는 내가 믿고 싶은 걸 믿는다. 종교는 없지만, 나보다 더 큰 존재가 있다는 믿음은 있다. 운명이 있다고 생각하면 마음이 편안해진다. 더 큰 의미나 목적이 내 삶을 이끈다고 믿을 수 있기에 그렇다.

모든 사람이 모든 일을 스스로 결정할 수 있으면 좋겠다고 생각한다. 그러면 통제할 수 없는 일들도 통제할 수 있게 될 것 같다. 그러나 잘못된 선택을 할 때면, 더 잘 알았더라면 좋았을 텐데 하고 아쉬워한다. 불길 속으로 손을 뻗으면서 불이 없었더라면 좋았을 텐데 하고 아쉬워하는 건 아무런 도움이 되지 않는다. 내가 불 옆에 놓이는 건 내 운명이다. 그러나 그 불꽃을 어떻게 다룰지 결정하는 건 내 선택이다. 불 속에 손을 넣을지, 불을 끌지 결정하는 건 내 선택이다. 운명이 존재한다면, 그건 단지 틀에 불과하다. 지금의 우리를 만든 건 우리가 끊임없이 했던 선택들이다.

손금 풀이에 관한 책을 선물로 받은 적이 있다. 손금 보는 방법이 적힌 일종의 설명서였다. 놀랍게도 내가 손금을 봐왔던 방식은 '공식적'인 방식과 달랐다. 내 방식은 책에 설명된 방법이나 그 이후로 찾아본 책, 웹사이트에 나온 방법과도 겹치는 게 거의 없었다. 너무 큰 충격을 받아 당황할 수밖에 없었다. 책장을 넘기며 나는 "음, 이 사람들 이거 틀렸네"라고 생각했다. 내가 손금을 보고 맞혔던 모든 순간, 내가 손금을 봐주고 몇 주 또는 몇 달 또는 몇 년 뒤에 내게 찾아와 "네 말이 맞았어!"라고 말했던 모든 이의 얼굴이 떠올랐다. 표준 해석과 전혀 다르게 풀이하고서 어떻게 그렇게 자주, 잘 알아맞힐 수 있었을까?

음, 아마 어느 정도는 확증 편향의 영향일 듯싶다. 높은 확률로 우리는 우리가 맞았을 때를 훨씬 더 많이 기억한다. 내가 틀렸다는 걸 증명하겠다고 몇 년이 흐른 뒤에 굳이 손금 이야기를 끄집어낼 사람은 별로 없을 것이다.

손금 풀이를 과학적이라고 생각하는 건 아니다. 물론 운명과 선택은 우리 손 안에 있다. 그러나 그 조합에는 세 번째 요소인 해석이 존재한다. 진정한 마법은 바로 여기에 있다. 나 자신 혹은 다른 사람의 삶을 어떻게 해석하느냐에.

파니 루소바는 내게 기본적인 손금 풀이를 알려주긴 했으나, 보고 느낀 바를 해석하는 방법을 깨닫는 건 내 몫으로 남겨두었다. 그 방법은 스스로 찾도록 내게 맡겨둔 것이다.

어릴 때 나는 파니 아줌마의 방에 놀러 가는 걸 정말 좋아했다. 색깔이 가득한 작은 방에서 몇 시간을 머물러도 지루하지 않았다. 그러나 그가 주황색 꽃무늬 비키니를 입고 뒤뜰에 나가 화단 사이에 누워 일광욕하고 있을 때면 괜스레 내가 부끄러웠다. 집에서 볼 때는 그렇게 예뻤는데 공공장소에서 이상야릇하고 화려한 옷을 입고 있는 파니 아줌마는 부끄러웠던 것이다. 무슨 이유에서인지 나는 어릴 때조차 중년 여성이 그렇게 밝고 대담하고 눈에 띄어선 안 된다고 생각했던 모양이다.

공산주의 국가에서 돋보인다는 건 일반적으로 좋은 일이

아니다. 그리고 파니 아줌마가 러시아에서 살아남아 탈출한 유대인이라는 게 사실이라면 더욱이 그렇다. 눈에 띄는 건 용감한 선택이었다. 주어진 운명에 굴복하지 않고 스스로 내린 선택. 자신의 유니크함에 대한 선언.

파니 아줌마가 실제로 어떤 사람이었는지 나는 여전히 모른다. 그가 어떤 인생을 살았는지, 어떤 배경을 지녔는지 모른다. 그러나 손금 풀이 외에 그에게 배운 게 있다면 어떤 것에서든 아름다움을 창조할 수 있다는 사실이다. 아름다움에 대한 내 해석은 여러분의 해석과 다를 수 있다. 반짝이는 귀리 다발을 보고 여러분은 촌스럽고 조잡하다고 생각할 수 있다. 그러나 남들이 어떻게 받아들이든 우리의 아름다움은 결코 숨겨져서는 안 된다.

결국 그건 해석의 문제일 뿐이다.

감사의 말

글쓰기는 외로운 일이다. 그리고 대개는 지난한 과정을 거친다.

석 달 안에 원고를 써달라는 의뢰를 받았을 때 내가 할 수 있을지 확신이 들지 않았다. 소설을 쓰는 데 5년이 걸렸었다. 리얼리티 프로그램을 촬영하고 정글에서 돌아온 직후라 체력적으로 지쳐 있기도 했다.

17년간 내 출판 에이전트로 함께해준 말리 루소프Marly Rusoff는 어마어마한 지식과 경험, 직관을 지닌 여성이다. 그런 그가 마감이 매우 촉박하니 나를 도와줄 사람을 고용해서 일정을 관리하는 게 어떻겠느냐고 조언했을 때 나는 조금도 망설이지 않았다. 게다가 에세이 한 권을 집필하기로 계약한 직후였으니 에세이 쓰는 법도 배워야 했다.

그렇게 말리에게 케리 이건Kerry Egan을 소개받았다. 케리가 없었더라면 이 책은 결코 존재할 수 없었을 것이다. 케리는 《온 리빙On Living》의 저자다. 나는 그 책을 손에서 내려놓지 못한 채 앉은 자리에서 울고 웃으며 단번에 읽었고, 그렇게 케리의 팬이 되었다. 케리는 내 독자이자 비평가이자 스승이었고, 아주 빠르게 내 소중한 친구이자 비밀까지 털어놓을 만큼 믿음직한 친구가 되었다. 우리는 매일같이 줌으로 만나 모닝커피를 함께하며 수다를 떨었고, 그는 내가 전날 밤 보낸 글을 아주 명확하게 검토해주었다. "도입부가 정말 지루해요. 배경 설정이 부족해요. 이 에세이는 사실 세 편의 개별 에세이예요. 이 결말은 효과가 없어요. 이 에세이에는 요점이 없고요."

케리의 비평은 거침없고 훌륭했다. 또한 내가 좋은 의견을 낼 때면 빠르게 당근을 주었다. 그가 없었더라면 나는 이 일을 할 수 없었을 것이다. 그리고 이쯤에서 말해두는데, 이 책이 여러분 마음에 들지 않는다면 그건 다 케리 탓이다.

내 편집자 에이미 선Amy Sun에게도 무한한 감사를 전한다. 에이미 선은 그의 이름만큼이나 아주 따뜻하고 환하게 내 글을 응원해주었고, 통찰력 넘치는 코멘트를 주었고, 또 훌륭하게 고쳐주었다.

내게 저녁을 먹여주고, 끝없이 늘어놓는 징징거림을 들어주고, 내 에세이를 읽어준 내 여자친구들, 조앤 러셀Jo-anne Russell, 트레이시 랩Tracy Rapp, 안나 크린Anna Crean, 쉴라 버거Sheila Berger, 니콜라이아 립스Nicolaia Rips, 마르티나 포먼Martina Forman, 로나 그레이엄Lorna Graham에게도 큰 소리로 고마움을 전한다.

또한 내 두 아들, 조너선과 올리버에게 큰 감사를 전한다. 세상이 멈추었을 때 둘은 내 우주가 되어주었고, 둘이 어릴 때 내가 그랬던 것처럼 나를 안아주고 위로해주었다. 릭이 세상을 떠났을 때 아이들은 하루아침에 어른이 되어야 하는 임무를 떠맡았다. 아이들은 내 에세이를 읽어주었고, 내 편의 진실을 얘기하도록 허락해주었다. 우리 부부가 얼마나 멋진 남자들을 키웠는지 모른다. 그 공의 절반은 당연히 내 남편의 것이다.

마지막으로 내가 오래도록 존경해온 여성인 마리아 슈라이버Maria Shriver에게 감사 인사를 전한다. 그의 임프린트를 통해 세상에 친절과 빛을 전하려는 뜻에 함께해달라는 요청을 받아 진심으로 영광이다.

필터 없이

선한 나, 악한 나, 아름다운 나에 대하여

2025년 5월 28일 초판 1쇄 발행

지은이 폴리나 포리즈코바
옮긴이 김보람

펴낸이 김은경
편집 권정희, 한지원, 한혜인
마케팅 김사룡, 박선영
디자인 황주미
경영지원 이연정
펴낸곳 ㈜북스톤
주소 서울특별시 성동구 성수이로7길 30, 2층
대표전화 02-6463-7000
팩스 02-6499-1706
이메일 info@book-stone.co.kr
출판등록 2015년 1월 2일 제 2018-000078호

ISBN 979-11-93063-95-8 (03100)

북스톤은 세상에 오래 남는 책을 만들고자 합니다. 이에 동참을 원하는 독자
여러분의 아이디어와 원고를 기다리고 있습니다. 책으로 엮기를 원하는 기획
이나 원고가 있으신 분은 연락처와 함께 이메일 info@book-stone.co.kr로
보내주세요. 돌에 새기듯, 오래 남는 지혜를 전하는 데 힘쓰겠습니다.